幸せを
はこぶネコ

ほんとうの自分を知って
幸せになる方法

刀根 健

Tone Takeshi

徳間書店

吾輩はネコである
名前はまだにゃい

さて、おみゃさん、幸せか?

イラストレーション　清家正悟
装幀　鳴田小夜子

CONTENTS

第1章 ビクビク――「自分」を好きになる 005

第2章 ベキベキ――「自由」になる 081

第3章 ヘトヘト――「私」を生きる 139

第4章 キラキラ――「喜び」を学べ 203

第5章 ワクワク――「生きる意味」を見つける 259

第6章 ドッカン――いま、この「瞬間」 317

第1章

ビクビク

「自分」を好きになる

順

会社員　25歳　アパート　一人暮らし

1

はあ～……
順《じゅん》はうつむき、トボトボとアパートへ歩いていた。
穏《おだ》やかな光にふと目を上げると、公園の芝生《しばふ》を夕陽がやさしく浮かび上がらせている。
順は誘われるように公園に足を踏み入れた。
あ、ブランコ……ずいぶん乗ってないな……
暖かなオレンジの光が、ブランコの板を照らしている。
順はブランコに腰かけ、静かにこぎ始めた。グレーのスカートの裾《すそ》が風になびく。

キィー……コォー……キィー……コォー……

夕陽の中、ブランコの長い影がゆっくり動く。


「落ち込んでいるようじゃの〜」


誰？

立ち上がり、見渡したが誰もいない。お……おかしい……気のせい……？

再びブランコに座って空を見上げると、沈みゆく真っ赤な太陽に照らされた雲が、大空を金色に染め上げていた。

はぁ〜っ
しかし、順は景色などまるで目に入らなかったように、がっくりとうつむいた。

「ずいぶん、落ち込んでいるようじゃの〜……」

今度は聞こえた。はっきりと聞こえたわ。

順は立ち上がり、また周囲を見回したが、やっぱり誰もいない。滑《すべ》り台の横にネコが座って、こっちを見ているだけだ。

おかしい、聞こえた。確かに、聞こえた。キョロキョロと周囲を見回した。

「しょう、確かに、言ったのら」

また、聞こえた。ううっ、誰？　気味が悪い。

順はビクッとバッグを胸に抱きしめた。

「だ、誰……ですか？」

「ここなのら、おみゃさんの目の前にいるのら」

おかしい、目の前には滑り台とネコだけだ。

「しょう、目の前にいるのら」

えっ？　もしかして、ネコ？

「しょう、吾輩《わがはい》が話しているのら」

ネコは小さな口を開けて話した。

「あ、あの、あなた、なんですか？」

「しょうなのら。吾輩なのら。吾輩は、人間とお話ができるのじゃ」

ネコはまっすぐに順の目を見つめて、にやりと笑った。順は息をのんで思わず目をそらせた。

そんな……ネコが話すなんて……ちょっと待って。きっとこれは何かの間違いよ。

私、疲れて頭が混乱してるんだ。

「吾輩、人間とお話ができるのじゃ」

そ、そんな話、聞いたことない……こんなところ、誰かに見られたら変な人と思われちゃう。早く帰ろう。順は、速足で出口へ向かって歩き始めた。

「これこれ、ちょっと、待つのら！」

順はビクッと止まった。

「あ、すみません……」

「にゃにを謝っておるのら。おみゃさん、何も悪いことしてないのら」

「あ、いや、でも……」

順がしどろもどろになっていると、さらにネコが話しかけてきた。

「おみゃさん、ずいぶん落ち込んでいるようじゃの」

「え、ええ……。い、いえ、そんなことないです、平気です」

「じゃって、今、すっごく悲しそうに『はぁ～っ』って言ってたのら」

「はい……いえ、でも、もう大丈夫です」

「ほうほう～、もう、大丈夫とな」

「そ、そうなんです。だから私、もう帰ります。失礼します」

「うんにゃ～、それは残念なのら。吾輩、おみゃさんに頼みがあるぞよ」

「えっ？　頼み？　わ、私にですか？」

「しょうなのら。とっても大事な頼みなのら」

どど、どうしよう……頼みなんて……何を頼まれるの？　もしできなかったら？

「心配ないのら。簡単なことぞ」

「簡単な、こと……ほんとに？」

「しょうなのら。吾輩、おなか、ペコペコなのら。最近、あんまりちゃんとご飯食べていないのら」

順はそう〜っとネコを見た。確かに、ネコはちょっと痩《や》せているし、毛並みもよくない。栄養状態が悪そうだ。

「吾輩にご飯を食べさせて欲しいのじゃ」

「ご飯、ですか……」

「しょう。それから数日でいいから、おみゃさんのお家に泊まらせて欲しいのら」

「えっ？　私の家に……ですか？」

「しょう」

ど……どうしよう。そんないきなり急に……もし隣の人にバレて何か言われたら……しかも話をするネコなんて……

「大丈夫なのら」

えっ

「吾輩、お部屋にいるときは、とってもおとなしくするのら。今までも、たくさんの人間たちにお世話になったぞ。おかしなことになったこと、一度もないのら」

「で、でも……」

「ここで断られたら、吾輩、とっても悲しいのら。おみゃさんのこと恨《うら》むのら」

「う、恨む……」

「しょう。ネコの恨みは怖いぞよ……ほほほ」

ネコはいたずらっぽくニヤッと舌を出した。

どうしよう……恨まれたくない……

「しょうなのら！　連れて行くのら！」

「あっ、はい、わかりました！」

順は弾《はじ》かれたように返事をしてしまった。

「おお～っ！　吾輩、一宿一飯の恩義《おんぎ》は忘れないのら。嬉しいにゃ。ありがとうなのら！」

ネコは順の横へトコトコ歩いてきた。

身体《からだ》の色は白とグレーがぐちゃぐちゃに混じっていて、つり目、濃いグレーの眉《まゆ》、鼻がぺちゃんこ。ぶさかわ……ネットでそう言われているネコたちに少し似ているが、ぜんぜん可愛《かわい》くない。

「吾輩、見れば見るほど味が出てくるぞよ」

ネコは順の心の声が聞こえたかのように言った。

「あ、はい。じゃあ、ネコさん、こっちです」

順はアパートに向かって歩き始めた。

2

公園から五分も歩くと、順のアパートが見えてきた。鉄製の階段をトントンと上って、二階の一番奥が順の部屋だ。

順はガチャッと鍵を開けて部屋に入ると、ネコも続いた。コギレイで簡素に整頓《せいとん》された室内だ。

「ほうほう〜。なかなかよいお部屋なのら」

「そんなことないです。普通の部屋です」

猫は玄関に入ると立ち止まって言った。

「吾輩、しばらく公園生活だったのら。汚れているのら」

「あ、はい。わかりました。じゃあ身体と足を拭《ふ》きますね」

順は部屋に入るとタオルを水で湿らせ、猫をキレイに拭き終わると言った。

「あの〜ご飯は、何を？」

「吾輩の好物はネコマンマじゃ」

「ネコマンマ？」

「しょう、ネコマンマ。ご飯にカツオブシをどっさりと。真ん中に醬油《しょうゆ》をたらしてでき上がりぞよ」

「あ、はい。わかりました」

順は台所に向かうと、言われた通りにネコマンマを作って戻ってきた。賞味期限切れそうなカツオブシ、捨てないでよかったな。

「あの……これでいいですか？」

「おお〜っ、これでいいのら。とってもうまそう。いただきますなのら」

ネコはおいしそうに食べ始めた。そしてあっという間に食べ終わると、口の周りを舌でペロペロしながら言った。

「ごちそうさまなのら。とってもおいしかった〜。感謝感激、雨アラレじゃ」

「い、いえ、そんな言われるほどのことじゃないです……」

よかった……これで恨まれないですむ。

「しょうしょう、自己紹介がまだだったのら」

ネコは口のまわりをペロペロしている。

「自己紹介？」

「そう。これからしばらくお世話になるから、自己紹介させてもらうのら」

「は、はい」

「吾輩はネコである。にゃまえはまだにゃい。特技はお話じゃ。おみゃさんも知っての通り、吾輩、人間の言葉を話せるのら」

「は、はい」

「おみゃさん、お名前は何と？」

「私ですか？　……私は順」

「おお〜ジュン、いい名前〜。ジュン、ジュンジュン、ジュンジュン〜♪」

順はちょっと恥ずかしくなって、うつむいた。

「特技は……特にありません」

順は小さな声でつぶやいた。

「ジュン、吾輩にもいい名前つけて欲しいのじゃ」

「名前？　そうか、名前、まだなかったんですもんね」

「そういう堅苦しい話し方はやめるのら。普通に話すのじゃ。おしりが痒《かゆ》くなるのら」

「あ、はい……うん、わかった」

名前か……う～ん、いい名前が思い浮かばない……変な名前言ったら、怒るかも……

「う～ん。ネコさん、どんな名前がいい？」

「吾輩か？　にゃんでも。好きなようにつけていいぞ」

順はネコを見た。白を基調とした顔に、濃いグレーの不揃《ふぞろ》いの丸いマロ眉があった。

「う～ん、ネコさん、じゃあ、マロさんでどうですか？」

「マロ……おお、いいのぅ。マロ、マロマロ～♪　昔の貴族みたいじゃ。いい名前をありがとう。ジュンもご飯食べたらいいのら」

マロはグレーのクッションの上に丸くなった。

今日は食欲なかったんだけど……マロに会ったら何だかお腹すいてきちゃったな。

食事が終わった頃、マロがトコトコと歩み寄ってきた。

「ジュン〜、何か悩んでること、あるんじゃにゃいのか〜」

「え……うん……でも、そんな話すほどのことじゃないし……」

「吾輩、ご飯のご恩は忘れないのら。よかったら話してみよ。きっとジュンのお役に立てるのら。吾輩、人間からよく悩みを相談されるのら」

「悩みを？」

「そう。人間の悩み。吾輩、人間の悩みを聴くこと、とっても得意なのじゃ」

「悩み……」

「人間の悩みとは、ズバリ、生きること……なのら」

「生きること……か。確かに生きることって苦しいかも……。なんでこんなに苦しいのかな」

「言ってみるのら」

「え……でも……そんなたいしたことじゃないし」

「話すとラクになるぞ〜。好きなように話せばいいのら」

「でも、そんな、悪いし……」

「いいのら。どんなことでもいいのら」

「で、でも……」

「ジュン！　話すのら！」

「あっ、はい！」

「話した方が、早くお友達になれるのら」

「と、ともだち……うん、わかった」

順は思い出したように、静かに話し始めた。

「今日、仕事でミスしちゃって……」

「ミスとな。それで？」

「うん、もう、いるのがつらくって」

「それはつらいの～」

「なんか、ほかの話してても責められてる気がして、エレベーターでもみんなが見てるような気がして……見られてると思うと頭の中が真っ白になっちゃって、もっと緊張しちゃって、余計うまくできなくなっちゃって……」

「それは大変なのら～」

「うん。私、ミスばっかりで、そのたびにみんなに迷惑かけて、頑張《がんば》ってるんだけど……ダメで……きっとみんな口では言わないけど怒ってると思う」

「ほうほう～みんな怒ってるとな～」

「うん、私みんなの期待に応えられないし、足手まといじゃないかって……。私はできない人、ダメな人なの」

順はがっくりとうつむいた。

「ほうほう～」

「私、このまま、ここにいてもいいのかなって……」

「どんなミスを？」

「え、うん。課長から言われていた調べモノ、やるの忘れてて……」

「ほうほう～忘れてしまったとな」

「うん……それで、みんなの前で怒られちゃったの」

「ほうほう～それはキツイのら」

「うん、そうなの。課長にはこの前も別のことで怒られてて……きっと私のこと、ダメな人だって……みんなもそういう目で見てたし……」

「う～ん、しょうなのか～」

しばらく無言が二人を包んだ。

「ジュン、課長さんはなんて？」

「え、うん、え〜っと」

順は視線を空に泳がせた。

「え〜っと、確か『僕の頼んでいたアレ、どう？　できてる？』って聞かれたの」

「ほうほう、それで？」

「うん、だから『すみません、まだやっていません』って答えたら、課長に『早くやって』って……ううう」

「ほうほう〜それで？」

「うん、それで急いですぐにやって持ってったの」

「ほうほう」

「そしたら、焦ってやったもんだから、間違っちゃって……」

「ほうほう〜」

「みんなの前でまた怒られちゃって……」

「しょうか〜しょれはつらかったの〜」

「私、ホントにダメな人なの」

順は、はぁ〜っとため息をついた。

「ジュンちょっと聞くがにゃ、調べモノというのはとってもお急ぎだったにょか？」

「え、いえ、そんなことないけど」

「いつまでにやっとくお仕事だったのら？」

「うん、一週間後」

「一週間……締め切りまでまだまだ時間あるのら。変じゃのう。なんで課長さん、ジュンのこと怒ったのら？」

「え？　わかんない」

「そういえば、この前もってお話だったの。どのくらい前のお話にゃのら？」

「えっ？　う〜ん、二ケ月くらい前かな」

「ほうほう〜二ケ月くらい前」

「うん」

「そんな前のこと、課長しゃんは覚えているじゃろか？」

「うん、きっと、覚えてるよ」

「にゃんで、そう思うのら？」

「だって、私覚えてるし……なんかそう感じるし。課長もそういう目で見てたし……」

順はまた、うつむいた。

「ジュン、今日は他にどんなお仕事のミスをしでかしたのじゃ？」

「え？　他には……ない、と思うけど……。でも、私が気づかないとこで何かやっちゃってたかも、うん、なんかやったと思う」

「ん〜ジュン、ひとつ言っていいかにゃ」

「……なに？」

「もしかして、ジュンはとんでもない勘違いをしているかもしれにゃいのら」

「えっ？　勘違い？」

「そう。もしかしたら、課長しゃんはジュンのこと、なんとも思っていないかもしれにゃいのら」

「え？　なんともって？　どういうこと？」

「つまり、ジュンのこと怒ってるとか、ジュンがダメな人とかって、ちっとも思ってないかもしれにゃいってことなのら」

「えっ、そんなことないよ。きっと思ってる。絶対思ってる。みんなもそう思ってる」

「ホントかにゃ〜」

「ホントよ」

「ジュン、そのときのこと、ちょっと整理してみるのじゃ」

「整理？」

「そう。整理すると、見えなかったものが見えてくるのら」

「見えなかったもの……」

「ジュン、やってみるのだ」

「え……でも……」

「吾輩を信じるのら。**見えていなかったものが見えたら、世界が変わる**のら」

「世界が……変わる……」

「生きることが苦しいのじゃろ。その苦しみから解放されたいのじゃろ？」

「解放……うん、解放されたい……」

「ではやるのら。とにかくやってみるのら」

「うん……わかった。やってみる。どうやるの？　マロ」

「紙とペンを持ってきて、紙の真ん中に右から左へ線を書くのら」

順はノートとペンを持ってきて、白紙のページを開き、真ん中に右から左にまっすぐに線を引っ張った。

「上段の右には『そのときの出来事・言葉』、下段の右に『どう思ったか・感じたか』

って書くのら」

順は言われた通りに書いた。

「上段には課長しゃんが言ったこと、みんながどんなこと言ったとかしたとかを書くのじゃ。下段には、そのときジュンの発言、頭の中にどんな言葉や思いが浮かび上がってきたのかを書くのら」

「うん、わかった、頑張ってやってみる」

順の宿題

1

怒られたときの状況を整理する

❸

「マロ、できた」

二〇分くらいしてから順が声をかけた。マロは順の前にトコトコと歩いてきた。

「ジュン、読んで欲しいのら」

「うん、じゃあ、読むね。まず上段が……」

そのときの出来事・言葉	どう思ったか・感じたか
課長が私を呼んだ。	またミスしたのかと思って、ビクッとした。
「僕の頼んでいたアレ、どう？　できてる？」って言った。	まだやってなかったので、すごく焦った。早くやらなかった自分って、なんてダメなんだろうって思った。きっと課長怒ってるだろうな。
「すみません、まだ、やっていません」って答えた。	すごく恥ずかしい感じ。課長を怒らせちゃったろうな。私ってホントダメ。

言われる前にやっとけばいいのに。
時間はあったのに、別の仕事で後まわしにしてた私ってなんてバカなんだろう。
後悔と自分を責める気持ち。
課長も私のことダメだって思ってるな。
ああ、みんなも見てる。
みんなも私のことダメだって思うだろうな。

課長は「そっか……」と言って黙った。

ああ、黙っちゃった。課長、怒っちゃった。
機嫌《きげん》悪くしちゃった。どうしよう。

課長が下を向き「早くやって」って言った。

ああ、怒ってる、早くやんなきゃ。焦る。

「はい」と答えた。

急いでやんなきゃ。焦る。
ちょっと頭の中ぐちゃぐちゃになる。
早くやらなきゃ、もっと怒らせちゃう。
大変だ、早くやんなきゃ。すごく焦る。

一五分後、急いで作って課長に出す。

良かった、出来た。でもこれで大丈夫かな。
自信ない、ドキドキ。

課長「おお～サンキュウ～
やれば出来るじゃん」って受け取った。

ちょっとほっとしたけど、やらなかった
自分ってホントダメだなって、また思った。

五分後、課長に呼ばれる。

課長から「ここの表記が逆になってるから、直して。提出物は見直しして出してね」って言われる。

「はい」って受け取る。

直して持っていく。

やれば出来るって、やらないからダメって意味。やっぱり私はダメなんだ。

きっとミスがあったんだ。ドキッとしてビクビクする。緊張する。

ああ、何を間違っちゃったんだろう。怖くて課長の顔を見られない。

ああ〜やっぱりミスしちゃった。課長、怒ってるだろうな。仕事遅い上にミスまでしちゃったんだから。

ああ、また、みんなに見られてる。恥ずかしい。みんなも白い目で見てる。私って何てダメなんだろう。見直ししたのに。みんな私のこと見直ししないで提出する人だと思うんだろうな。さらに落ち込む。

私って、なんてダメなんだろう。何をやってもダメだ。

もう大丈夫かな。自信ない。課長、機嫌直してくれるかな。

課長「サンキュー」って受け取る。

ああ、よかった。
とりあえずこれで大丈夫かな。
でも、きっと怒ってるな。
やってなかったんだし。ミスまでして。
そういえば、前にも同じようなこと、
あったし。これで二回目だし。きっと
私のことダメだって思ってるだろうな。
みんなもそう思ってるだろうな。
そう思ってるに違いない。

「ジュン、書いてみて何か感じたことはあるかにゃ？」

「え、書いてみて？　うん……そう」

順は自分の書いたメモを見つめた。

「こうやって紙**に書いてみると、なんだか落ち着いた。今までは頭の中がぐちゃぐちゃだったけど、なんかちょっと整理できた**感じ。**心のざわざわがおさまったわ**。整理するっていいね。ありがと、マロ」

「いやいや、まだまだこれからなのら。ジュンが持っている**メモがジュンの「生き**

る苦しみ」の謎を解くカギなのら」

「これがカギ？」

「そう。カギ。ジュン、もう一度、そのメモをよく見てみるにゃ」

順はメモに目を落とした。

「何か感じることは？」

順はメモをしばらく見つめていたが、しばらくして口を開いた。

「う～ん、わかんない」

「課長しゃん、最初に『アレ、どう？』と聞いたときの表情や態度《たいど》はどんなだったのら？」

「表情や態度？」

「そう。表情や態度。思い出す限り、正確に答えるのじゃ」

順は視線を空中に泳がせ、そのときのことを思い出した。

「うん、普通だった」

「じゃあ、次に『そっか……』と答えたときの課長しゃんはどうだった？」

「うん……それも普通だった……」

「ほうほう～じゃあ、次の『早くやって』のときは？」

「私に気を使わせたくなかったと思うんだけど、ニコッと笑いながら言ってた」

「ジュン、その『私に気を使わせたくなかった』というのはジュンの想像なのら。それは真実じゃないかもしれないのら。だからそれは削除。削除するとどうなるのら？」

「うん……じゃあ、ニコッと笑いながら言ってた」

「じゃあ次に『おお～サンキュウ～』って言ってたときの課長しゃんはどうだったのら？」

「うん……嬉しそうに笑ってた」

「ほうほう～嬉しそうにの～。じゃあ、その後呼ばれて間違ってるって言ったときの課長しゃんは？」

「……やっぱり普通……だったかな……」

「怒ってなかったのか？」

「うん……表面上では……でも、きっと……」

「『でも、きっと』は、ジュンの想像。今は、なしじゃ」

「うん、わかった」

「見直ししなさいって言ってたときの課長しゃんは？」

「……これも普通……と言うか、ちょっと優しかったかも」

「最後にサンキューって言ったときは？」

「うん、嬉しそう……」

順はマロに言われるままに課長の態度や言葉を思い出して、ちょっと不思議に感じた。

そうだ……課長は、別に怒ってもいなかったし、不機嫌でもなかったし……逆に機嫌よく笑ってたり、優しかったりすることの方が多かった……。あれ？　おかしいな……。

「ジュン……ジュンの勘違い、なんとなく、わかってきたかにゃ？」

「え、勘違い？　でも、課長はきっと表面ではああだけど、ホントは私のこと……」

「課長しゃんの言葉や態度にそんなことを感じさせるようなこと、あったかにゃ？」

「……ない……けど……」

「ジュン、ひとつ、わかったのら」

「わかった……なにが？」

「はっきり言うのら。よ～く聞くのじゃぞ」

「う……うん」

「ジュン、**いまジュンがしゃべったこと、それはジュンがしゃべってるのではないのら**」

「私がしゃべってるんじゃない？　……私がしゃべってるんだけど……」

「違う、ジュンではにゃいのら」

「……じゃあ、だ、誰……？」

「ジュンそれはの、**ジュンの頭の中にいるオサルがしゃべってる**のら」

「えっ？　オサル？　サルって、あのオサルさん？」

「そう。オサルなのら」

「……」

「そのオサルはジュンの肩に乗っかって、いつもささやいてるのじゃ」

「……な……なにを？」

「変な人って見られてるよ、ほら、こっち見てるよ、またしくじったね、怒ってるよ、みんな嫌ってるよ、やっぱりダメだねって」

「……」

「課長しゃんとちょっと目が合っただけで、オサルが勝手にお話を始めるのら」

「オサルが……勝手に……」

「今回だけではないのら。いつもじゃ。ジュンの肩に乗ったオサルはいつもそんなこと、ジュンの耳元でしゃべり続けてるのら」

た……確かに……いつもそんな声が聞こえる。

「大事なことがあるのら」

「大事なこと？」

「**オサルの話すことは全部ウソ**なのら」

「ウソ？」

「だってそうなのら。もう一回メモを見てみるにゃ。課長さんはどんな表情でなんと言っとったのじゃ？」

順はメモに目を落とした。確かにそこには課長が怒ったり機嫌を悪くしているような記述はなかった。

「はっきり言って、課長さんはそんなこと思ってない。オサルが勝手にしゃべってるのら」

「……思ってない……ホントに？」

「ホントなのら。課長さんはそんなこと思ってないのに、オサルのおしゃべりで勝手にそう思い込んで、勝手に自分を責めてるのら」

「勝手に……自分を責める……」

「そう。そして、勝手に落ち込む」

「勝手に……落ち込む……」

「そう。**勝手に気にして、勝手に思い込んで、勝手に自分を責めて、勝手に自信をなくして、勝手に落ち込んでいる。**いつもそうなのら。全部そうなのら」

うううう……

「にゃんと、バカバカしいことをしてるのじゃ」

うううう……確かに……そう……わかる……なんとなく、いえ、とってもよくわかる……

「ジュン、おみゃさんはみんな見てるとか、みんなそう思ってるとか、みんなみんなって何度も言っとったが、真実を言うのら」

「真実？」

「そう、真実。いいか、ジュン、よ〜く聞くにゃ」

「うん」

「悲しいけど、ジュンが思ってるほど、**みんなはジュンのことを見ていない**のら」

「……見てない……？」

「そう。人間が集まったとき撮る集合写真というものがあるのら」

「うん、写真……」

「その写真を撮ったとき、誰を見る？」

「誰って……」

……そう、自分を見る。変な顔してないかとか、どんな写り方してるかとか……

「みんな、そうなのら」

「えっ？」

「自分以外の人なんて、ぜんぜん見てないのら。全員、そうなのら。みんな、自分に一番興味があるのじゃ。自分以外の人、興味ないのら」

……確かに……私も……自分しか見てない……

「みんなそうなのら。誰もジュンのことなんて見てないし、気にもしてないのら」

ううう……気にしてない……

「そう。はっきり言って、全部オサルのおしゃべりなのじゃ。余計なエネルギー使いすぎなのら、幻想なのら」

……幻想……

「ジュンは**オサルの声と、ほんとうの自分の声を聴き間違っている**のら」

「ほんとうの自分の声……？」

「ムダなのら。疲れるだけなのら。しょんなことは、もうやめるのら」

「やめたい……と思うんだけど……どうすれば、いいのかな？」

「これから頭の中でオサルがしゃべりはじめたら、すぐにストップをかけるのら」

「ストップをかける？」

「そう。『ストップ』って言うにゃ。できれば声に出すのがいいのら」

「声に出す……でも、みんなに変に思われるし……」

「心の中でオサルに向かって言えばいいにゃ。腕に輪ゴムをつけて、ビシッてはじくのもいいのら。とにかく自分に刺激を与えるのじゃ。頭の中のオサルのおしゃべりから『いま、この瞬間』に目を覚ますのら」

「うん……わかった。それで、オサルのおしゃべりが止まったら、どうするの？」

「目の前のお仕事に集中するのら。全集中なのら。最大パワーでお仕事するのら」

「うん、わかった……やってみる。私、頑張る」

順の宿題

2

頭の中に湧いてくるサルの声にストップをかけ、目の前に集中する

4

「ただいま〜」

順は翌日夜七時ごろにアパートに帰ってきた。

「おかえり〜なのら」

「マロ、おなか減ってる？」

「おお〜、吾輩、腹ペコなのら」

「今日、これ買ってきたんだけど、好き？」

そこには数種類のデラックスネコ缶が並んでいた。

「おお〜！　ジュンは吾輩の大好物がわかるのら！」

マロは舌なめずりをしながら缶詰を見つめていたが、マグロを前足でポンと叩《たた》いた。

「今日はこのお魚が食べたい気分なのら」

順はニコッと笑ってマグロ味の缶詰のプルトップを開けてお皿に盛った。

「いただきますなのら！　おお〜、吾輩はとっても、とっても幸せなのら〜‼」

「うん、ほかにもカツオとシャケ、トロミ鶏肉もあるからね。好きなの食べてね」

「おおお〜」

ネコ缶を食べ終わったマロは、ペロペロと口の周りをキレイにしてクッションに座った。

「おいしかったにゃ〜ごちそうさまなのら。吾輩、とっても幸せなのら〜」

「ううん、いいの。マロのおかげで、今日、ちょっとよかったの」

ジュンは夕食を食べながら話しはじめた。

「昨日の宿題やってみたの」

「で、どうだったのじゃ？」

「私、気づいた。いつもオサルがしゃべってて、ぜんぜん休ませてくれないの。マロの言ってた通り。耳元でオサルがすぐに話しはじめるの」

「ほうほう、たとえば？」

「うん、そう、誰かが独り言で『あっ』とか言っただけで、オサルが『ほら、何かしたよ』とか『ミスしたよ』とか『しでかしたよ』とか……そのたび私なんだかビクッとしちゃって」

「ほうほう〜」

「他の人が話してると、またオサルが出てきて『ほら、きちんとできてないよ』『ぜんぜん頑張れてないじゃん』『何かやり忘れてたんじゃない？』とか『努力が足りないんじゃない？』『ダメじゃん』とか『やっぱり間違ってるじゃん』とか……。すごく気になっちゃって、思わず聞き耳立てちゃったり」

「ほうほう〜」

「うん、このオサル、自分を否定するようなことばっかり、ホントいっぱい言ってるな〜って」

「ほうほう〜、一日でそこまで気づくのすごいにゃ〜」

「うん、ありがとう。で、マロに教えてもらったこと、やってみたの」

順はそう言うと左手を上げ、手首についている輪ゴムを見せた。

「ほうほう〜」

「いっぱい、バチンってやっちゃった」

順はそう言うと、ちょっと照れくさそうに笑った。

「今日はいつもより、クヨクヨする時間、短かったと思う。おかげで仕事、とってもはかどった」

「そうか〜それはよかったのら〜。で、何か変わったこと起こったにょか？」

「えっ、変わったこと？」

「しょう、変わったこと。順がクヨクヨするのをやめたおかげで、何かいつもと違うこと起こったにょか？」

順は視線を空に投げかけた。

「う〜ん、特に……ない。何も……。いつもと同じだった」

「ほうほう〜……と言うことは……順が今までやっていたことは、にゃんの意味もなかった、ということなのら」

「え？」

「しょう、無意味だったということら。だってクヨクヨしてもしなくても、おんなじだったのら。クヨクヨは意味なかった、ということなのじゃ」

「意味なかった……」

そうか……意味なかったんだ。確かに今までと何も変わらなかったし、悪いことや心配していたことはひとつも起きなかった。

「**心配ごとの九九パーセントはオサルの作り出すフィクション**なのら」

「フィクション？」

「映画やドラマみたいにとってもよくできたフィクションだから、すぐに騙《だま》されてしまうのら。いちいちそれに反応してエネルギーを浪費するのはムダなのら」

そっか……無駄だったんだ……私が無意識にやってたこと、意味なかったんだ。無駄なことに時間とかエネルギー使ってたんだ。

「しょうなのら。ジュンのオサルはアンテナいっぱい立てて、そんでそのアンテナに引っかかってくる**情報を悪く解釈して、ジュンをがんじがらめに縛《しば》り付けてた**のら。**ジュンはそれで身動きが取れなくなって、とっても疲れてた**のら」

そういうこと……だったんだ。

「そういう人間のことを、吾輩たちはアンテナ人間って呼んでるのら」

「アンテナ人間？」

「そう……無意識に周りにアンテナ張り巡らせて、どう見られているか、どう思われているか、ヘンに思われないか、嫌われていないか、そんなことにばっかりエネルギーを使って疲れ果ててしまう人間ら。アンテナ人間は『どう思われるか』ばっかりで『どうしたい』はないのら」

「……どうしたい……」

「頭の中のオサルが静かになったら、アンテナ人間卒業なのら。そのとき、ほんとうの自分の声『どうしたい』が聴こえるのら」

「どうしたい……ほんとうの自分の声か……なるほど……ありがとうマロ。私、なんだかすごくラクになった」

「よかったのら〜、でも、これからが本題なのら」

「どういうこと？」

「ジュンのオサルが生まれた理由、生まれた原因があるのら」

「オサルの生まれた原因？　何かな？　わからない……わからないわ」

「ジュンの肩に乗っているオサルさんはいつもどんなセリフを言うにょか？」

「そうね『きちんとできてない』『頑張れてない』『嫌われている』『怒ってる』『何かやり忘れてる』とか『努力が足りない』とかかな」

「ひとつ訊《き》くがにゃ、同じようなこと、子どもの頃に言われていなかったかにゃ？」

「子どもの頃……？」

「しょう子どもの頃。耳にタコができるほど同じことを誰かに言われてなかったかにゃ」

あ……おかあさん……

「きちんとしなさい」

「頑張りなさい」

「嫌われちゃダメ」

眉間にしわをよせ、鋭《するど》く見つめる目……声がピリピリ痛い……

「おかあさん……私、両親ふたりとも学校の先生で……とっても厳しかったの。それでいつもお母さんに叱《しか》られてた。今思い出した」

「それがオサルの正体なのら。子どもの頃言われ続けたことで、頭の中にオサルが住み着いてしまったのら」

「そうだったんだ。オサルの正体はお母さん……」

「もうひとつ訊きたいことがあるのら。ジュンは**いつも『頑張る』って言う**のら。**ジュンにとって頑張るってどういう意味なの**ら？」

「意味？　それはもちろん頑張ることがいいことで、頑張ることが正解って意味かな」

「じゃあ、**頑張れない自分はどういう自分なの**ら？」

「頑張れない自分は価値がない」

「価値がない？」

「うん、休んだり怠《なま》けたりすることは価値がなくなるってことなの。頑張れる自分だけがいい自分。頑張れない自分はダメな自分」

「どうりで夜キリキリとうるさかったわけじゃ」

「キリキリ？」

「ジュンの歯ぎしりで吾輩、よく眠れなかったのら」

「ご……ごめんなさい」

ジュンは朝、ときどきあごが痛いわけがわかった。

「謝ることはないのら。ジュンはそれだけ歯を食いしばって毎日生きているということなのら。すごく頑張ってるのら」

「ありがとう」

「でもにゃ、それは**ありのままの自分を認めていないということ**なのら」

「ありのままの自分？」

「そうなのら。ありのままの自分じゃダメ、価値がない。だから頑張らないとダメってことなのら。でもにゃ、ずっと永遠に頑張り続けることは無理なのら。できないのら。疲れきってバタンキューなのら。ジュンはそれが、できてるのかにゃ？」

「できてない。全然できてない。私、頑張れない人なの。だから私はダメな人なの」

「ジュンは自分に厳しすぎるのら。無理なことをしてるにゃ。身体がいうこと利かない日も、気分が乗らない日もあるのら」

「ううん、私、怠け者だし能力ないし。自分に甘えるとダメな自分になっちゃう。だからがんばらなくっちゃいけないの。がんばってがんばって、やっとみんなのちょっと下くらいになれるの」

「そんなに自分を駆《か》り立てて、誰に何を証明しようとしているのら」

「証明？　証明なんかしようとしてない。証明するほどの自分なんかない」

「ホントかにゃ？　頑張っている自分を誰に見て欲しいのら？　誰に褒《ほ》めてもらいたいのら？　ジュンの向こうには誰がいるのら？」

「……誰が……？」

あ……

あの目だ、あの視線だ。

「ほら、いたにゃ。誰なのら？」

「お……お母さん……」

私、お母さんに見てもらいたかったの？

「ジュンがお母さんに褒めてもらったのは、どういうときなのら？」

「私がお母さんに褒めてもらったとき……」

そうだ……

頑張ってるとき

努力しているとき
自分を抑えて、周りに合わせているとき
大人の言うことをよく聞く「いい子」でいたとき
「そうなのら。ジュンは頑張ったとき、いい子でいたとき、お母さんから愛してもらえたのら。そうじゃないジュンは愛してもらえなかったのら。だから頑張っていない自分、わがままな自分は価値のない人間、愛される価値のない人間ということなのら。だから無制限に自分を抑えて頑張り続けるハムスターになってしまったのら」

「ハムスター？」

「回し車の中で走り続けるハムスターなのら」

ううう……ハムスター……

「**ジュンの苦しみは、ありのままの自分を愛していないから**なのら」

「ありのままの自分を愛していない……？」

「いいところも悪いところも含めて、できる自分もできない自分も、ダメじゃない自分もダメな自分も、そのまま**全部丸ごと受け入れ、認めるのら。それができて初めて『生きる苦しみ』から抜けることができる**のら」

「そんなこと……できないし、できるはずがない」

「できるのら」

「できない。私、自分のこと好きになりたくて大学も心理学勉強したし、資格もとったけど、好きになんてなれなかった。私、私が嫌いなの。大嫌い」

「頭で勉強することと身体で体験することは違うのら。吾輩、お手伝いするのら。一緒にやってみるにゃ」

「えっ、でも……できるかな……自信ない」

「案ずるより産むが易《やす》し、とにかくやってみるのら」

「……うん、わかった。私、頑張る。頑張るわ」

「**頑張らなくていい**のら。**力を抜く**のら。**ただやればいいのら**」

「うん、わかった。私、がんばらない、ただやる」

5

「順、鏡を持ってくるのら」

「えっ？　鏡？」

「しょう。鏡。自分の顔が映るくらいの大きさの鏡」

「うんわかった。ちょっと待っててね」

順はハンドバッグから手鏡を取り出した。

「これでいい？」

「うん、いいのら。鏡を見るにゃ」

順は鏡を見た。そこには自分が映っていた。

「よ～く、自分の目を見るのら」

順は鏡に映った自分と目を合わせた。そういえば毎朝鏡を見てたけど、自分の目を見たことなんてなかった。自信なさげな目。力も光もない目。わたし、この目が好きじゃない。自分がこっちを見ている。うっ苦しい。順はすぐ目をそらせた。

「目をそらせたらダメなのら。目を見るのじゃ」

私の目……私の目……頭が真っ白になっちゃう。他人の目だってそんなに見たことないのに、自分の目なんて……ダメ、そらせちゃ。見るの、見るのよ。

しばらくして、だんだんとこころのざわざわが静かになってきた。

「ジュン、今、何を感じてるのら？」

「うん、私、自分の目を見たことなかったなって」

「ほうほう～、ほかには？」

「うん、なんだか言葉では言いにくいんだけど、これが私なんだって」

「それがジュンなのら」

順が鏡に映った自分に向かってコクッとうなずくと、鏡の自分もうなずき返した。

「ジュン、自分に向かって、こう言ってみるのじゃ」

順はチラッとマロを見ると、もう一度自分の目を見た。

「私は、ありのままのあなたを受け入れます」

「え？」

「もう一度言うのら。私は、ありのままのあなたを受け入れます」

「無理。ぜったい無理。そんなこと言えない。恥ずかしい」

「言うのら」

「そんな思ってもいないこと、言えない。絶対言えない」

「**言葉はエネルギー**なのら。**周波数**なのら。**波動**なのら。**自分が発するエネルギーが一番自分に影響を与える**のら」

「言葉はエネルギー……」

「ジュンは今までダメだとかできないとか嫌いとか、自分で毒ばっかり飲んできたのら。**自分のこころに栄養を与える**のら。お花が咲くには太陽やお水が必要なのら」

「こころに栄養……」

確かに私、今まで毒ばっかりだったかもしれない。

「え……でも……」

「言うのじゃ！」

「うん、わかった。言ってみる……私は、ありのままの自分を、受け入れます」

うっ、なんだかすごく違和感ある……

「ゆっくりと、何度も何度も、自分に向かって言ってみるのら」

順は自分の目を見てゆっくりと繰り返した。

「私は、ありのままの自分を、受け入れます」

ダメ、全然そんなこと、思えない。

「自分のこころにす～っとしみ込んできたって感じるまで、繰り返すのら」

「私は、ありのままの自分を、受け入れます」

「私は、ありのままの自分を、受け入れます」

突然、母の声が聞こえた。

あなたはダメ
え……

頭の中に、母の声がこだまする。

きちんとしなさい
いい子でいなさい
大人しくしていなさい
静かにしていなさい
いつも周りを見ていなさい

う……


耳を貸しちゃだめだ。これはお母さんの声じゃない。サルの声なんだ。

「私は、ありのままの自分を、受け入れます」

「私は、ありのままの自分を、受け入れます」

呪文のように心に念じる。

母の声がどんどん大きくなる。

わがまま言っちゃダメ
騒いじゃダメ
目立っちゃダメ
嫌われちゃダメ

「私は、ありのままの自分を、受け入れます」
聞かない、聞かない！
「私は、ありのままの自分を、受け入れます」
怒っちゃダメ
泣いてもダメ
大きな声で笑ってもダメ
聞かない！　これはサルの声！
「私は、ありのままの自分を、受け入れます」
順、そんなんじゃお父さんもお母さんも恥ずかしくて学校に行けないわ
順、お父さんに恥ずかしくない、いい子になりなさい
「私は、ありのままの自分を、受け入れます」
「私は、ありのままの自分を、受け入れます」
順、まだできるでしょ
順、まだまだできるわ
できない……もうできない！

順、もっと努力しなさい
順、もっと頑張りなさい
もう無理……がんばれない……
順、とにかく頑張りなさい
順、頑張らない子はダメな子よ
う……うううう……苦しい……

「深呼吸なのら」

深呼吸……深呼吸……

……すう～っ、はあ～っ……すう～っ、はあ～っ
「私は、ありのままの自分を、受け入れます」

「私は、ありのままの自分を、受け入れます」

深い息とともに、だんだんと母の声が小さくなってきた。

胸が……胸の中で固まっていた何かが……柔らかくなっていく。

比例するように、自分の声がじわじわとしみ込んでくる。

「私は、ありのままの自分を、受け入れます」

「私は、ありのままの自分を、受け入れます」

あれっ何だろう？　胸の真ん中がじんじんしてきた……

「私は、ありのままの自分を、受け入れます」

「私は、ありのままの自分を、受け入れます」

声が、温かく身体に響く……。……胸が温かくなってきた。

「私は、ありのままの自分を、受け入れます」

「私は、ありのままの自分を、受け入れます」

ゆるんでいく……溶けていく……私の中の何かがどんどん溶けていく……

「私は、ありのままの自分を、受け入れます」

「私は、ありのままの自分を、受け入れます」

目の前に小学生くらいの子どもが現れた。

この子は、私だ！

私が嫌っていた、見ないようにしていた、心の奥底に閉じ込めてきた、もう一人の私……

その子はとっても自信なさそうで、不安そうで、寂《さみ》しそうに上目づかいでこっちを見ている。

ご……ごめん……ごめんなさい……

「ううっ……わ、わたしは……ありのままの……」

私、今まで、あなたのこと全然受け入れてなかったんだ……

ごめん……ごめんなさい……

「あ……ありのままの……」

ごめん。ごめんね……ごめんね、わたし……

「わ、わたしを……」

嫌いなんて言って、ごめん……。今まで、つらかったよね……悲しかったよね……

「う、受け入れます……」

私、私を受け入れます。

「うえっ、うううう」

順は鏡を置いて突っ伏した。

「ありのままのジュンが一番なのら」

「うん、わたし、ありのままでいい、そのままでいい」

「毎日この言葉、心の中でつぶやくのら」

「うん、つぶやく」

「こころに栄養を与え続けるのら。何百回も言うのら」

「うん、何百回も言う」

「しょんで、オサルが出てきたら、こういうのじゃ」

「うん」

「私はありのままの私でOKよ！　オサルよ、消えろ！って」

「うん、言う！」

「声に出して言ってみるのら」

「うん、こうね。私はありのままの私でOKよ！　オサルよ！　消えろ！」

順の宿題 3

毎日何百回も〝私は、ありのままの私を受け入れます〟と自分に言う。もし、オサルが出てきたら、オサルよ、消えろ！　と言う

6

翌日も順は夜七時頃にアパートに帰ってきた。

今朝、あんなに元気いっぱいに出て行ったのに、なんだかちょっと元気がない。

「マロ、今日はどれがいい？」

順はマロにデラックスネコ缶を見せた。マロはグレーのクッションから歩いてきて、順の前にちょこんと座った。

「ジュン、今日、どうだったのら？」

サケ缶の上にポンと右足を乗せた。

「うん……今日、何百回も言ってみた。すごく、気持ちよかったし、すっきりしたの」

順はプルトップを開けて中身をお皿に盛った。

「頭の中にいっぱいオサルが出てきたの。その都度あっち行けって追い払った」

「おお、すごいにゃ。ジュン、よくやったのら」

「私、自分を受け入れるってなんとなく、わかってきた感じがする」

「どんな感じなのら？」

「うん、わたしの深いところが喜んでる感じ」

「ほうほう～しょれはよかったのら。でもにゃんだかちょっと元気がないぞなもし？」

「うん……実は、マロに訊きたいな～って思うことがあるの」

「にゃんなのら？」

「うん、マロ、まずはご飯食べようよ。私もおなかが減っちゃったし」

順は台所へ歩いていった。

夕食を食べ終わると、マロは順の前にちょこんと座り直した。

「吾輩に訊きたいことって、にゃんなのら？」

「うん、実はね、私、自分を受け入れるって言葉、何百回も言ったの。ううん、今日一日中、心の中でずっと唱《とな》え続けてたの」

「ほうほう～、しょれはすごいのら～、で？」

「うん、で、とってもスッキリしてたんだけど、夕方、終わるころにね、仕事でまたちょっとミスしちゃって」

「または余計なのら」

「あっそうね。つい、いつものくせで。うん、でも、前みたいに自分を責めたりしなかったよ。オサルが出てきたけど、すぐに追い払った。でも、なんかスッキリしないの」

「ほうほう、スッキリしないとな」

「うん、私、ミスしちゃったのに、『ありのままの自分を受け入れます』って言うと、ミスした自分、ダメな自分を受け入れるみたいに感じちゃって。それってなんか違うって感じちゃって……」

「ほうほう～」

「やっぱり、自分はダメな人じゃないかって、感じちゃって……」

「ほうほう～」

「今日みたいに本当にミスしちゃったりとか、失敗しちゃったときは、どうすればいいのかな？　そのまま受け入れると、やっぱり私はダメなんだって感じちゃうし」

「にゃるほど～……。しょれはいい質問なのら。ミスしたり、失敗したとき、ジュンの心はどんなことを感じる？」

「うん、ああ～っ、またやっちゃった、って感じかな。困ったというか、グサッて感じかな」

「そう。グサッ、それはにゃ、『痛み』なのら」

「痛み……うん、そう、痛い、痛いの。そのあとズキズキするし」

「おお〜ジュンはすごいぞよ」

「えっ？　何が？」

「ジュンはグサの後にズキがくること、知ってるのら」

「何？　どういうこと？」

「まず最初のグサはこころの痛みなのじゃ。でもそのあとのズキは痛みじゃないのら」

「痛みじゃない？　じゃあなに？」

「それはの、『苦しみ』なのら」

「苦しみ？」

「グサは痛み、ズキはその痛みを使ってオサルが『苦しみ』に変えているのら」

「痛みを苦しみに……」

「失敗してグサ、その後『ああ、やっぱり私はダメだ』『またやっちゃった』『みんな見てる』『能力ない』とかオサルがしゃべってるのら」

「確かに……そんなこと言ってる」

「それは痛みではないのら。頭の中で創り出してる幻想なのら。オサルの声なのら。これを『苦しみ』と言うのら。**痛みと苦しみは違う**のら」

「痛みと苦しみは……違う……」

「生きていれば『痛い』ことは、たくさんあるのら。でもその痛みを使って『苦しみ』に変えているのはジュンなのら」

「苦しみに変えているのは、わたし……」

「でのぉ、ジュン、痛みを苦しみに変えない方法があるのら」

「……なに？　どうやるの？」

「それは『**痛みを経験に変える**』ということなのら」

「痛みを経験に変える……」

「そう。『私はダメだ』って自分に言う代わりに、この経験で何が学べたんだろうって訊くのじゃ」

「この経験で、何が学べたんだろう……」

「どうすればこの経験をこれからの人生に生かせるんだろう？」

「どうすれば、この経験をこれからの人生に生かせるんだろう？」

「そう。この経験は、自分をもっともっと成長させるために、何を教えてくれているんだろう？」

「この経験は、自分をもっともっと成長させるために、何を教えてくれているんだろう？」

「そう。そうやって、『痛みを経験に変える』のじゃ。これができれば、もう大丈夫なのら。どんなミスや失敗があっても、クヨクヨと自分を責めて苦しむことは、なくなるのら」

「それに、仮にミスしたとしても、そのときジュンはジュンなりに一生懸命やってたのら」

「『痛みを経験に変える』……うん、わかった」

「うん、私なりに……だけど」

「それ以上はできなかったのら。そのときのベストだったにゃ。それ以上自分に求めることは酷なのら。『他人と過去は変えられない』。あとは『痛みを経験に変える』だけでいいのら」

「うん、なるほど、そうね。ありがとうマロ。わたし、スッキリした。すごくスッキリしたわ」

「んで、ジュン、今日どんなミスをしてしまったのら？」

「うん、課長に頼まれた計算書の出力項目を勘違いしちゃって、違うものをつくっちゃったの」

「ほうほう〜しょれはイタかったのら〜」

「うん、痛かった」

「んで、この痛みを経験に変えるとしゅると、どんなフウになるかにゃ？」

「そうね……この経験で、何が学べたんだろう……？ね」

「しょうしょう」

「そう……この経験で学べたこと……早とちりして勘違いしないように、相手にちゃんと確認する……ってことかな」

「おお〜！ その調子なのら！」

「うん、そうね、相手に『私はこう理解しましたが、これでいいでしょうか？』って確認すれば、もう同じことは起きない」

「おお〜すばらしいにゃ！」

「私、これからは『痛みを経験に変える』ってこと、やってみる」

「すごいのら〜！」

順の宿題

4

痛みを苦しみに変えるのでなく、経験に変える
〝この経験から何が学べるのだろう？〟と自分に訊く

7

二週間たった。

「マロ、わたし、今日、課長に褒められちゃったの」

「ほうほう〜しょれはよかったにょ〜、で、にゃんと言われたのら？」

「うん、最近とってもいい感じだね。仕事も早いし、正確だねって」

「ほうほう〜すごいのら〜」

「うん、それでね、なんかいいことでもあったのって訊かれちゃったの」

順はそう言うと、ちょっといたずらっぽく笑った。

「へぇ〜、で、にゃんと答えたのら？」

「ええ、まあ、そんなところですって言ったら、よかったね〜って言ってくれたの」

「おおお〜、どんないいこと、あったにょか？」

「それは……うん、マロと出会ったこと」

「吾輩と？」

「そう。マロ、わたし、変わったと思う」

「うん、順は変わったのら」

「わたし、マロと会うまでは自分のことを責めたり、よくないことを思い出してクヨクヨしたりしてばっかりだった」

「ふむふむ、しょうだったの」

「でも、今は……そういうことちょっと考えたり感じたりすることもあるけど、前より全然少なくなったし、なんだか毎日がとってもラクになったの」

「ほうほう、ラクにの〜、しょれはよかったのら〜」

「ありがとう、マロ。マロのおかげだわ」

「すごいのら。んじゃ、そろそろもう一歩踏み込んでみる時期なのら」

「えっ？　もう一歩、踏み込む？」

「そう。どうしゅる？」

「うん、わたし、やってみる。踏み込んでみる」

「ジュンが次にやることは『**自分を好きになる**』ということじゃ」

「自分を……好きになる……」

「そう。ジュンは、ありのままの自分を受け入れたのら。しょんで痛みを経験に変えることもできるようになってきたにゃ。次は、自分を好きになるのら」

自分を、好きになる……そんなこと、考えたこともなかった。

そう……わたし、自分のこと、好きじゃなかった。マロと会う前は自分が嫌いだった。ホントに嫌いだった。でも、最近は何だか自分のこと、許せる……かも……

わたしはわたしでいいのかもって……

「ジュン、目をつぶるのら」

「目を？」

順は目をつぶった。

「いま、ジュンの目の前に、ジュンとそっくりな人が立っているのら」

わたしとそっくりな人……？

「どんな顔してるのら？」

「うん……わたしとおんなじ顔……」

「どんな表情しとるかにゃ？」

表情……うつむいて、自信なさそうで……

「どんな格好で、どんなふうに立って、どんなふうに歩いて、どんなことを言ってるのら？」

そう、あまり目立たないで地味な洋服を着ている。いつもうつむいていて、足元を見てる。話すときはちょっとオドオド遠慮がちな感じで声は小さめ、あまり自分のことは話さない。相手の話を聞いていることが多い。

「その人は、ジュンの親友なのら」

親友……？

「いままで一緒に育ってきて、おんなじことを経験して、おんなじことを感じてきた、なんでも話せる親友、お互いのことを何でも知ってる親友」

親友……わたしの親友……この子は親友……

「ジュン、その子はいま、とっても苦しんでいるのら」

苦しんでいる……うん、わたしも苦しかった。

「その子は何かあるたびに全部自分が悪いと思い込んで、自信をなくして、自分を責めてばっかりにゃ」

うん……わたしもそうだった。

「その子は無意識にアンテナを張り巡らせて、どう見られているか、どう思われているか、ヘンに思われないか、嫌われていないか、そんなことばっかりにエネルギーを使って疲れ果ててしまってるのら」

うんそう、すごく疲れてた……

「いま、その子の頭の中ではオサルが『きちんとできてない』『頑張れてない』『嫌われてる』『怒ってる』『何かやり忘れてる』とか『努力が足りない』とか、ず～っとしゃべり続けているのら」

うん……わたしもオサルがずっとしゃべってた。

「頑張れない自分は価値がない、頑張れない自分はダメな自分、頑張れる自分だけがいい自分。ありのままの自分じゃダメ、価値がない。だから頑張らないとダメって歯を食いしばって毎日生きている、そういう子なのら」

苦しいね……寄り添いたい、この子の手を握ってあげたい。

「そして今、その子は一生懸命変わろうとしてるのら」

変わろうとしてる……応援したい……目の前にいる、この子を応援したい。がんばれって言いたい。

「しょう、その子が変わるためには必要なものがあるのら。そしてそれはジュンにしかあげられないものなのじゃ」

必要なもの？　わたししかあげられない？　何だろう？

「それは、自信なのら」

「自信……」

「そう。**その子は自分のよいところに気づいてない**のら。ジュン、**その子へ向かって、その子のよいところ、スキなところ、ステキなところ、全部もれなく伝えてあげる**のら。**教えてあげる**のら。**親友として**」

この子のよいところ……スキなところ……ステキなところ……

この子はわたし……この子はわたし……

わたしのよいところ……わたしのスキなところ……わたしのステキなところ……

順は大きく息を吸い、深く静かにはいた。

……ううう……そんなこと、考えたこともなかった……

ダメ……思いつかない……

順は目を開けてつぶやいた。

「マロ……わからない……思いつかない」

「しょういうときはの、反対から眺めてみるにゃ」

「反対から?」

「しょう。ここにネコ缶があるのら」

ネコ缶をポンと叩いた。

「うん」

「このネコ缶、前から見るとにゃんこがいるのら」

「うん」

ネコ缶の正面には豪華なペルシャ猫がプリントされていた。

「でも後ろを見るとにゃんこはいなくなって、小さな字が書いてあるのじゃ」

ネコ缶の裏には魚介類、鶏ささみ、オリゴ糖、などの成分が記載されていた。

「同じネコ缶なのら。でも**表からと裏からでは見え方が違う**のら」

「同じネコ缶でも、見え方が違う……」

「たとえば**アンテナを張り巡らせるというのは、裏から見ると周囲の人たちの気持ちや状況によく気がつくということ**」

あ……

「頑張らないとダメっていうことは、裏から見ると一生懸命頑張ることができるということ」

なるほど……

「頭の中でオサルがしゃべるということは、裏から見るとそのオサルのおかげでいろいろきちんとできるということ」

そういう見方もできる……

「そういうふうに**反対側から眺めてみると、いいところがたくさん見えてくるのじゃ**」

……確かに、見えてくる……

「え〜っと、じゃあ……目立たないで地味っていうことは……う〜ん、反対から見ると……でしゃばったりしないし、周りの人たちに合わせることができる……そういうこと？」

「そうそう」

「自分のことを話さないということは……え〜っと、反対から見ると相手の話を聴くことができる……ってこと？」

「そうそう、その調子にゃ。他にも今までは受け取ってこなかったかもしれにゅが、褒めてもらったこと、認めてもらったこと、頼りにされたこと、いっぱいあるのら。それを思い出すのら」

そう言えば……課長や同僚たちからもいろんなこと、言ってもらってた……

順は課長の言葉を思い出した。

「君は本当に真面目で努力家だね、君がいてくれるから助かるよ」

順の心の底からあたたかな言葉が、水泡のように浮かび上がってきた。

「ちょっと時間をかけてやってみるのら。紙とペンを持ってきて、今までの自分の好きでなかったところ、嫌いだったところを書き出してみるにゃ。そしてそれが全部できたら、その下に反対側から見てみて、いいところに書き直してみるのら」

「うん、わかった」

順は紙とペンを持ってきて、机の前に座り直した。

順の宿題

5

自分の好きでなかったところ、嫌いだったところを書き出し、その下に反対側から見ていいところに書き直してみる

8

「マロ、できた」

「もう一度、あの子に会いに行くのら」

「うん」

順は目をつぶって大きく深呼吸した。

すう〜はあ〜すう〜はあ〜

呼吸が落ち着いてきたころ、目の前にまたあの子が現れた。

前と同じように、自信なさそうにうつむいている。

「ジュン、今度こそ伝えてあげるのら。その子のよいところ、スキなところ、ステキなところ、全部もれなく教えてあげるのら。親友として」

うん……言える……いや、言いたい、伝えたい。

順は、うつむいて目の前に立っているその子に言った。

「わたし、気づいてほしいの」

その子が顔を上げた。

なにに?

その子の目がそう問いかける。

「あなたはいいところ、素晴らしいところがいっぱいある」

え?

意外そうに目が細まる。

そんな……わたしいいとこなんてない……素晴らしいところなんてひとつもない。

「違うわ。気づいてないだけ」

信じ……られない。

「うん、わかる。わたしもそうだったから」

……あなたも……そうだったの?

「うん。わたし、わたしが嫌いだった。大嫌いだったの。でも今は違う」

違うの?

「うん、今はありのままのわたしを受け入れられるようになったの」

ほんとう?

「ほんとうよ。だから聞いて」

うん。

「……あなたのよいところは……」

その子とまっすぐに目が合った。

「あなたのよいところはね、優しいところ」

その子が顔を上げた。

優しい？　わたしが？……

「うんそう。それから、よく気がつくところ。そう、言わなくてもすっと気持ちを察してくれるところ」

……

「そして素直で、まじめで、みんなと仲良くできる。正直で誠実。穏やかで控えめだけど我慢強い。それってすごく素敵なことなのよ」

ほんとう？

「そう、ほんとうよ。だってそうじゃない人、いっぱいいるでしょ」

うん、確かにいっぱいいる。

「あなたはイヤなことでもコツコツできるし、周りの人たちを不愉快にさせることもない。あなたはみんなの縁の下の力持ち」

力持ち……

「目立たないけど、あなたがいないとみんなが困っちゃう。あなたがいてくれるおかげで、みんな気持ちよく仕事ができるの」

ほんとうに？

「うん、仕事だけじゃない。あなたはとても安心なひとなの」

安心なひと……

「絶対に裏切らないし、優しいし、わたしのことをわかってくれるし、いつも横に寄り添ってくれる。あなたがわたしの親友でいてくれて、わたしはとっても嬉しい。だって、わたしの気持ち、言わなくてもちゃんとわかってくれるんだもん」

うれしい……その子の目が小さく輝いた。

「そう、あなたは苦しんできたし、頑張ってきた。いまも一生懸命、変わろうとしてる。でも、気づいて」

……気づくって……？

「あなたはもう既に、十分にステキなの」

え……？

わたしが……ステキ……？

「そう、ステキなの。もうこれ以上頑張る必要なんて、ないの」

頑張る必要なんてない……

「あなたはあなた、それでいいの。自分以外の誰かにならなくてもいいの。そのまんまでいいの」

いいの？　わたしのまんまで……いいの？

「うん、いいの。わたし、そのまんまのあなたが大好きよ。ありがとう、わたしの親友でいてくれて、ホントにありがとう」

ありがとう……うれしい。

その子はこぼれるように笑った。

「ジュン、手を大きく広げるのら」

「て……手を？」

「しょう、自分の身体を抱きしめるのじゃ。その子は、ジュンなのら」

この子はわたし……わたしはこの子……

順はゆっくりと両手を広げ、自分の身体を抱きしめた。

温かい……わたしの身体って温かいんだ。

……感じる……感じるわ。

ドクッ……ドクッ……ドクッ……

鼓動《こどう》と共にじんじんと身体が脈打つ。
ああ、これがわたし、わたしなんだ。
そのとき、胸の真ん中が温かくひかり出した。
あ……光ってる……わたしが光ってる！
「大好きって言ってあげるのら」
え……
「大好きって、ぎゅっと抱きしめてあげるのら」
手に力がこもる。
「大好き……」
てのひらが……腕が……胸が……身体が熱くなる。
愛《いと》おしい……
自分がとっても愛おしい。
ひかりに身体が包まれる。
うわ〜あったかい……気持ちいい。
わたしとひかりが……ひとつになっていく。
大好き……

大好き、大好き！

わたし、あなたが大大大大大好きよ!!

9

順の前に女の子が座っている。

ああ……マロに会った頃のわたしと同じくらいかな……

順は優しく話しかけた。

「どうしたの？」

「は……はい……」

女の子は自信なさそうに言葉を詰まらせた。

「じ……実は……わたし、仕事とか失敗ばっかりで……もう……ううう」

この子はわたしだ。

もうひとりのわたしだ。

あのときのわたしが、いま、ここにいる。

「そう……それは辛いね……」

女の子はがっくりと下を向いた。

「実はね……、わたしも昔、あなたと同じだったのよ」

えっ？　意外そうな顔をして女の子が顔を上げた。

「先生も……そうだったんですか？」

「うん、そう……そうだったの。でも、ある人に出会って……うん、人？　微妙だけど……それでわたし、変わったの。だからわたし、カウンセラーになったのかもしれない」

「ほんとに？」

「ほんとよ」

「わたし……わたしも変われるかな？」

「大丈夫。わたしができたんだからあなたもできるわ。人は悩んだ分だけ、大きく、優しく、そして強くなれるの」

順は、晴れやかに笑った。

第2章

ベキベキ「自由」になる

正子

会社員　47歳　郊外の一軒家　家族と別居中

❶

日曜日、午後三時。
あ〜もう三時……明日から仕事か。
ふと窓の外に目をやると、隣家の屋根と、青空に浮かんだ白い雲が見えた。
まったく疲れるわ。ホントにもう、どうにかならないのかしら。
「にゃ〜にを、そんなにカリカリしておるんじゃ？」
え？
正子《まさこ》はキョロキョロと見回したが、それらしい姿はどこにもない。
おかしいわね、家には誰もいないはず、誰も……

「……気のせいね」

正子はふうっとため息をついて、パソコンの今日のニュースへと視線を移した。

記事には政治家が企業から賄賂《わいろ》を受け取って公共事業の便宜《べんぎ》をはかり、逮捕されたことが書いてあった。

「全くもう……政治家ってみんな最低、ろくな奴がいやしないわ！」

「じゃから、にゃ〜にを、そんなにカリカリしとるんじゃっての」

え？

今度こそ、はっきりと聞こえた。聞こえたわ。なに？

正子は周囲を確かめるようにグルグルと見渡した。すると、窓から見える隣の民家の屋根に座っている一匹のネコと視線が合った。

ネコ……。珍しいわ。

「しかし、小汚いネコね」

思わず正子が声に出した、次の瞬間、

「小汚くて悪かったの！」

ネコがしゃべった。

え⁈

びっくりして目を丸くしている正子に向かって、その小汚いネコがチョコチョコと歩いてきて、隣家の屋根から正子の部屋にピョン、と入ってきた。

「お〜、なかなかいいお部屋なのら」

私……頭がおかしくなったの？

正子はネコの動きを凝視したままフリーズした。

「ウソよ」

「ウソじゃにゃいのら」

いいえ、おかしくなったに違いない。これは夢よ、幻よ！

正子は大きくかぶりを振ると、現実から逃避《とうひ》するようにわざとネコから視線をパソコン画面に移した。

「まったくもう……税金払ってるのがバカバカしいわ」

正子はまるでネコのことが全くなかったかのように、わざと大きく言葉を吐いた。

「無視したら、いかんぞなもし」

また、声が聞こえた。

そう、こんなこと、ありえない、受け入れられない。無視するに限る。そのうち、消えていなくなるわ。

「なんでこんな奴らばっかりなのかしら。まともな奴なんていやしない」

正子は無視してパソコンに向かって悪態《あくたい》をついた。

「にゃらば、吾輩《わがはい》にも考えがあるのら」

ネコは本棚に飛び乗り、正子の頭にバーンとダイビングしてきた。

いたいわねっ！　なんなの、この小汚いネコは！

「じゃから、吾輩を無視するからなのら」

こ、これは現実？

正子は眉間《みけん》にしわを寄せ、鋭《するど》く刺すような視線で目の前のテーブルの上に座っているネコを睨《にら》んだ。

これは……いったいどういうこと？

私、頭がおかしくなったの？　そう、きっとおかしくなったに違いないわ。

最近仕事が忙しくて残業ばかりだったたし、今月に入って土日も出社してたし、先月だって残業一〇〇時間超えたし！　労働基準法第三六条サブロク協定、明確に違反でしょ。人事部の私が違反してどうするのよ！　あの人事部長、協定わかってるの？　ワークライフバランスって口ばっかり！　何がバランスよ！　あんたが帰らないからみんな帰れないのよ！　昨日だって総務部長が平気で個人情報を漏《も》らしそうになるし、万一漏らしたらどうなると思ってんのよ。私がやったプライバシーマークの申請、どれだけ手間がかかったと思ってんのよ。そもそも会社の規則、コンプライアンス、わかってるの？　もっと、ちゃんと、きっちり、正しく、常識的にやってよ！

正子の頭の中に怒濤《どとう》のように思考が走る。

「スト〜ップ！　にゃ」

え……

正子の思考が停止した。

「カリカリしとるの〜ほほほ」

笑っている？　ネコが？

しかし、目の前にいるネコは確かに笑っている。正子にはそう見えた。

「そろそろ、現実ちゅうもんを認めにゃ、にゃらんの」

現実？　何の現実？　ネコと話してる私？　そんなバカな！　そもそも、誰がこんなこと信じる？　ありえないでしょ。ネコと話すなんてありえないわ。

「そう、ありえにゃいことが、ありえるのら」

とはいうものの、目の前のネコがしゃべってるという事実……しょうがないわ……いいわ、とりあえず、今日は承認してあげる。

「で、ネコ、あなたはなに？」

なんてバカバカしい絵なの。ネコに向かって話している人間なんて。常識的にありえないわ。

「名前を訊《き》くときにゃ、自分からにゃのるのが決まりなのじゃ」

「う……」

虚《きょ》をつかれた正子はたどたどしく答えた。

「わ……私は石田《いしだ》正子」

「イシダ……マサコ……」

「ネコのあなたに言ってもわからないだろうけど、石って漢字、英語でストーンね。そう書いてイシ、田んぼって字を書いてタ。正しい子どもって書いてマサコ」

「なんだかカタそうな名前なのら」

「うるさいわね。自分で付けたんじゃないから仕方ないでしょ。で、あなたは？」

「吾輩か？」

ネコはいたずらっぽく笑うと、もったいつけたように下から見つめ、コホン、とひとつ咳払《せきばら》いして言った。

「吾輩はネコである。にゃまえは、まだにゃい」

そ、それは夏目漱石よ〜なにこのクソ生意気なネコ〜！

ネコは正子の殺気を敏感に感じたのか、ぴょんと本棚の上に避難《ひなん》した。

「こりゃ、マサコ、ホントなのら」

ネコの顔を見ると、どうも本当らしい。ネコはまた、テーブルに下りてきた。

「で、ネコ、私に何の用？」

ネコは白とグレーを基調として、不揃《ふぞろ》いのグレーの眉がある。鼻は小さく落ちくぼんでいて、はっきり言って不細工な顔だ。

「おみゃさんが、吾輩に用があるんじゃにゃいのか？」

私が用？　ネコに？　そんなバカな。そんなものあるはずないし、ありえない。

「何言ってんのよ。人間がネコに用事があるなんて常識的にありえないわ」

「おみゃさんが、カリカリしておったから、吾輩が親切にも来てやったのじゃ」

カリカリしてる？　私が？　何を言ってるのよ、いつもの私よ。

「カリカリなんかしてないわ」

ネコは正子の目をまっすぐに見て答えた。

「うんにゃ、しとる」

「してない」

「うんにゃ、しとる」

「してないってば」

「うんにゃ、しとる」

「してないって言ってるでしょ！」

正子が叫ぶと、ネコはまたピョンと本棚に飛び乗って、一番上の「最新労働安全衛生法テキストブック」の上に座った。

「うんにゃ、しとる。おみゃさんはさっきから一体、誰と話しとったにょら？」

「私？　誰とも話なんかしてないわ」

「うんにゃ。おみゃさんはさっきから目の前のちっこい機械と話しとったじゃろ」

ちっこい機械？　ああ、ＰＣのことね。

「これはパソコンって言うの。人じゃないわ。この機械には誰も入ってなんかない。ネコのあんたにはわからないと思うけど。ふふ」

正子は見下したようにネコを見た。

「しょんなことは、わかっとる。じゃあ、おみゃさんは、なんで誰も入っていない機械に向かってしゃべりかけていたのら？」

正子はＰＣに向かって悪態をついていた自分を思い出した。

「う……」

「そこに映っている絵に向かって、勝手にイライラ～カリカリして、ぶつぶつ言ってたのら」

た、確かに……

「そ、それは……独りごとよ。人間はネコと違って独りごと言うのよ」

「そう、確かに独りごとなのら。でも、おみゃさんはいつもいつも、そうやって独りごと言ってイライラしとるにゃ」

う……

「そんなの、知らないわよ」

「毎朝起きると、このスイッチ入れて、画面に映るいろんな絵を見てはブツブツ文句を言う」

う……

「そして、外に出ると自分の前を歩いてる人に遅いとかジャマだとかブツブツ心でつぶやき、電車に乗っても後ろから押してきたおばはんや、横に詰めてくれないおっさんにありえないとか常識持てとか、ブツブツ文句を言う」

……

「会社に行っても、周りの人のやり方とか、考え方とか、順番とか、ちょっとでも自分と違うところを見つけては、違うとか間違ってるとか正しくないとかイライラして、家でも家族にブツブツ、カリカリ、周りすべてに文句ばっかりにゃ」

「うるさいわね」

「うるさくないのら。毎日毎日朝から晩まで仕事してばっかりで、そういうのを人間の世界では何とかコリックって言うのら」

「なんとかコリック……ああ、ワーカホリックのことね、私のこと見張ってるの？　ストーカー？」

「おみゃさんは、とっても素直でわかりやすいにゃ」

「素直？」

「そう、素直なのら。考えてること、思ってることが単純でまるわかりなのら」

正子はそんなことを言われたのは初めてだった。

今まで正子は「頑固」「口うるさい」「堅苦しい」「融通が利かない」「気難しい」「傲慢」等々、言われたことはたくさんあったが。一瞬、脳裏に「どうせお前に何を言っても、聞かないから」と言って目をそらす夫の顔が浮かんだ。

「う、うるさいわね！　でも、あれはあの人たちがダメなのよ。キチンとしてないから、私が言ってあげなきゃいけなかったのよ。一般常識もわからないのよ、あの人たちは！」

ネコは本棚の上からテーブルに降りてきて言った。

「おみゃさんは四六時中そうやってカリカリしていて、幸せか？」

は？　幸せ？

正子は「しあわせ」という言葉をすごく久しぶりに聞いた気がした。なんか新鮮な響きだ。でもネコが人間に言うべきことじゃない。

「あ、あなたに人間の何がわかるっていうのよ。人間はネコより複雑なのよ」

「人間のことはわからにゃいが、おみゃさんのことはわかるのら」

「な……私の、何がわかるっていうの？」

「今までずっとイライラ・カリカリして生きてきたし、これからもずっとイライラ・カリカリして生きていくのら」

だ……だから、ネコが人間にいうべきことじゃないわ。

「苦しい人生なのら」

「う……うるさいわね。苦しくなんかないわよ」

「おみゃさん、悩んでいるのら」

「な、悩んでなんかないわ」

「私の人生、にゃんで、何もかもうまくいかにゃいの、と、悩んでいるのら」

「うるさいったら！」

そう言うとともに、正子は猫を鷲掴《わしづか》みにすると風呂場へ連れて行った。

「にゃ、にゃにをするのじゃ」

「そんな小汚い身体《からだ》で家の中を歩くなんて、ありえないわ」

正子はそう言うと頭からシャワーを浴びせた。

ネコにシャワーをかけながら、正子は思い出した。

あれは三日前。仕事が終わって家に帰るとテーブルの上に手紙があった。

『しばらく実家に帰ります』

夫の字だった。実家と学校が同じ校区だからって、いきなり子どもたちまで連れて実家に帰らなくたっていいじゃない。なによ実家に帰るって……女みたいなことばっかり……あっ女に失礼ね……もっとビシッと、ガチッと、父親らしくあるべきなのに
……あの人ときたら……

「これでいいわ」

タオルでゴシゴシと拭《ふ》くと、ネコが見上げて言った。

「しょうなのら。おみゃさんの人生、うまくいってにゃいのら。だから吾輩が来たのら」

「あなたが来て、どうなるのよ」

「吾輩が来たからには、もう安心じゃ。大船に乗った気で安心するにゃ」

大船〜？　泥船にしか見えないわ。

でも……「お母さんと話すと疲れる」と言っていた中二の長女。「お母さんは仕事ばっかり」そう言って寂《さみ》しそうにうつむいていた小六の長男。夫の置き手紙。そして上司の「もっと柔軟《じゅうなん》に対応してくれないと困るんだよ。君が出るといつもトラブルになる」という言葉。確かに私の人生、うまくいっていない。私は完璧にやっているはずなのに、どうしてこうなったのかわからない。今もネコと話をしているなんて信じられない。でも……このネコの言っていることはなんとなく当たっている気がする。

ちょっと、この変なネコの話を聞いてもいいかもしれない。

「吾輩が、おみゃさんの人生がうまくいく手伝いをちょっとだけ、するのら」

どうせ誰に話しても信じてもらえないし、まあ、いいか……

「わかったわ。でもネコ、あなたのことは何て呼んだらいいの？『ネコ』じゃ、おかしいし、そもそも普通、名前ぐらいあるもんでしょ」

「吾輩か？　にゃんでもいいのら。好きなように呼んでいいのら」

「……じゃあタマね」

「タマ……なんだか懐かしい名前なのら。最近はムギとかレオとかがはやりなのら」

正子はネコを見た。どう見てもムギって顔じゃない。

「ネコはタマ。犬はタロウ。そういうものよ」

「マサ子は頭が固いの～そう言うのをレッテル貼りというのら」

「レッテル貼り？」

「決めつけることなのら。なんでも決めつける。マサコの周りはみんな大変なのら」

「うるさいわね。で、どう手伝ってくれるの？」

タマは正子を見つめると、思わせぶりに「ゴホン」と咳払いして言った。

「おみゃさんがまずやることは、**心の中の自分のつぶやきに気づくこと**じゃ」

「心のつぶやき？」

「そう、心のつぶやき。人は誰でも頭の中でいろんなことを話しているのら。しゃべっているのら。気がつかないうちに一人でべらべらとしゃべっているのら。これは自動的にわき出てくる考え、いわゆる『思考』なのら。目の前に起こったことにただ単純に反応して、自動的に頭の中にセリフがわいてきて、そのセリフが勝手に暴走して、それに振り回されている状態なのら」

正子はさっきテレビを見ながら、自動的にブツブツ言っていた自分を思い出した。

「まずは**自分が普段からどんなことを頭の中でつぶやいているかを、知ること**からなのら。自分を知ることなのら」

「自分を……知る……」

「じゃあ、吾輩は明日の夜にまた来るから、それまで集中してやってみるのじゃぞ」

タマはそう言って窓から飛び出して、隣家の屋根の上を去っていった。

「あっ、ちょっと！」

私は、頭がおかしくなったのだろうか〜？　でも、ちょっとやってみようかな。

正子の宿題

1

心の中のつぶやきに気づく

2

翌日、月曜日の夜、タマはやって来た。

タマは正子の顔を見ながらまたニヤニヤしている。

「マサコ、どうだったかの〜」

正子はその顔を見てちょっとイライラしたが、今日一日のことを思い出した。

そう、正子はいつもイライラしていた。目に見える全てのことに、ケチをつけていた。朝のニュースの内容、ニュースを伝えるアナウンサーの言葉や表情、コメンテーターと呼ばれる連中のわかったようなコメント、通勤電車の中で身体が触れる人や当たったりする人たち、そして会社でも同僚や上司、あるいは部下たちの一挙手一投足、全てにケチをつけていた。そして出ていった夫の言ったこと、したことやしなかったこと、子どもたちのこと、ひとつひとつを思い出してイライラして文句を言っていた。

マサコは自分がこれほどまでにいつもいつも、批判を繰り返していようとは思わなかった。

「しょうにゃのら。おみゃさんはいつもいつも、批判ばかりにゃ。じゃから、苦しい

のら」

「批判が苦しい？」

批判することが何で苦しいのよ。

「もう一回、しゃべってたセリフを思い出して言ってみるぞよ」

「ええっと……」

今日イライラしたこと、そう、赤木課長だ。赤木課長は本当は自分がやるべき仕事なのに私に振ってきた。あの稟議書《りんぎしょ》は課長権限でしょ。なんで係長の私が書かなきゃいけないのよ。課長が上げるべきよ！

「しょうなのら。他も思い出してみるのら」

朝の電車、そう、あのドアの前に立っていたリュックの若い男。皆が降りようとしているのにひとりで踏ん張って動きゃしない。すごく邪魔だった。皆が降りるときは自分が先に降りて、皆を先に降ろすべきでしょ！

「そうそう、その調子」

さっきのニュース、国民がみんな困っているのに、政治家ときたら自分の保身ばっかり。説明責任を果たすって口では言うけど、ちゃんと説明したことなんて一度もないじゃない。都合が悪くなるとすぐ病院に逃げ込むし。政治家っていうものは、国民のために働かねばならない。税金で食べてるんでしょ。公務員もそうだ。もっと国民の声を聴くべきよ！　そもそも選挙に行かない国民も悪いのよ。だからこんなくずみたいな政治家ばっかりになるのよ。国民ももっと国全体のことを考えて選挙に行くべきよ！

「しょうしょう、いい感じなのら」

それから部下の本田君、今度の社内研修の企画書を私に手伝ってって言ってきたけど、その割にぜんぜん下調べもしてきてないし、去年の企画書くらい事前に読み込んでくるべきでしょ。それから、林君もそう。持ってきた書類を確認したけど、ぜんぜんダメ。もっときちんとしっかり書かなければダメ、あれじゃ訳わかんないわ。

「マサコ、そのかわいそうな林君の書類のどこがダメだったのじゃ？」

「タマに専門的なことを話してもわからないかもしれないけど、まずは文章の書き方が全然ダメ。語句の使い方とか、説明の順番とか、わかりやすい図表の書き方とか、全然ダメ。それから、データの項目が足りなかったり、余計なものがあったり、全然書類としての基準を満たしていないのよ。あんなの、とてもじゃないけど、上に持ってけない」

「ほぅ～しょうか、しょうか」

「そうなの。全くダメ。三回やり直させたけど、その都度いろんなダメなとこが見つかって、結局、そのデータを使って私が書き直した方が早かったのよ」

正子は一連の出来事をイライラしながら思い出した。

「じゃあ、マサコにとって提出する書類とはどうあるべきなのにゃ？」

「当然、提出する書類は完璧じゃなければならないわ。読む人間のことも考えて、言葉とかビジュアルとか、工夫するべきなのよ。何度も読み直して、チェックして、完璧にしてから提出するべきよ」

「ほっほっほ～マサコはわかりやすいの～」

「何がわかりやすいのよ」

「おみゃさんのしゃべっていたセリフ、最後にどんな言葉がついていたのじゃ？」

セリフの最後？

「しょうなのら。セリフの最後なのら」

語尾……？　あ……

「工夫するべき、提出するべき、稟議は課長が上げるべき、皆を先に降ろすべき、国民の声を聴くべき、選挙に行くべき……ベキベキなのら」

べきべき……

「しょうなのら。おしりに『べき』がくっついとるのら」

「『べき』……」

「マサコはベキベキ星人なのら」

「ベキベキ星人？」

「他にもネバネバ星人でもあるのら」

「ネバネバ星人？」

「『ネバならない』もしょっちゅう使うのら。ベキベキ・ネバネバ星人なのら」

「ベキベキ・ネバネバ星人……」

「ベキベキ・ネバネバ星人は固くてしつこいのら。納豆マサコなのら」

「納豆……う……うるさいわね」

「マサコ、にゃんで苦しいのかわかったかにゃ？」

「なんでって……確かに爽やかな気分じゃないけど……」

「この**『べき』や『ねばならない』はマサコの世界観、枠組み**なのら」

「枠組み？　世界観？……」

「マサコは枠組みがとっても小さいのら。カチカチに固くて、ツンツン尖《とが》っているにゃ」

「どういうこと？」

「マサコの尖った枠がいろんなところにぶつかるのじゃ。べき、ねばならない……その固い枠組みと目の前の現実がぶつかって、心の中に衝突や摩擦《まさつ》が起きるのら。それでイライラしたり苦しくなるのら」

「衝突や摩擦……」

「マサコのなかにある正しさと、こうあるべきという小さな枠組みが目の前の現実にぶつかったとき、ベキベキ星人とネバネバ星人に変身～するにゃ」

「変身」

「おみゃさんはそうやって周りの人たちを自分の正しさで判断して裁いて、まるで裁判官なのら」

確かに陰で「おんな閻魔《えんま》」って言われてるって聞いたことがある……

「……で、でも正論を言って何がわるいのよ。正論は正しいから正論って言うのよ」

「マサコはそうやって人の話を全然聞かないのら」

「そんなことない。聞いてるわよ。私、傾聴《けいちょう》の研修だって出たことあるんだから」

「**そんなことないって言うこと自体が、相手の話を聞いてない証拠**なのら」

「そんなことない」

「ほらまた言った」

「う……でも、私は普通よ。いたって普通の常識的な人間よ。社会生活をしていくうえで常識は必要なの。皆も私と同じように思っているはずよ。あなたたちネコ社会と人間は違うのよ」

「人間は皆、自分のことを普通だと思っているのら。でも、普通の人間なんてだ~れもおらんのら」

「いいえ、そんなことない。私は『普通』よ。私はごくごく、『常識的』な人間よ」

「マサコよ、わかるかにゃ？『普通』とか『常識的』とかいう言葉そのものが『枠組み』から出てきている言葉なのらぞ」

「う……」

「自分を**『普通』とか『常識的』とかいう『枠組み』にあてはめることで、自分を守っている**のら。これはおみゃさんの**自分を守る《鎧《よろい》》**にゃのら」

「自分を守る《鎧》？」

「つまり、外の世界のいろんなもんが、おみゃさんの枠組みという《鎧》にガチャガチャあたるのじゃ。その都度心の中の深いとこが不安になる。これでいいか、間違ってないか。で、その不安を感じないように正論という鎧で自分を守っているのら。正論の中にいると安心できるのら」

　う……正論という鎧……

「マサコは自分がどんな鎧を着ているかということすらまだ気づいてないのら。鎧を脱ぐためには、まず自分が着ている鎧を知ることなのら。じゃないと、脱げないのら。鎧を脱いだら、ラクになるぞなもし。毎日窮屈《きゅうくつ》で苦しかったろ」

「そんなことない」

「ほらまた言った」

「う……」

「苦しそうに機械にしゃべりかけていたのら」

「うっ……でもそんなこと、できるの？」

「まあ、とにかくやってみるのら」

「……わかったわ。で、どうやるの？」

「おみゃさんがやることは、自分が『すべきである・しなければならにゃい』と思っていることを書き出すことにゃ」

「書き出す……」

「そう、書き出す、**鎧の可視化**なのら。見えたら、脱げるのら。幽霊の正体見たり枯れススキ、なのら」

……なかなか言うわね……

「わかったわ。やってみる」

正子の宿題

2

するべきである・しなければならないと
思っていることを書き出す

3

「できたわ」

一五分後、正子は書き上げたリストをテーブルの上に並べた。

「読んでみるのら」

正子はリストを読み始めた。

『するべきである・しなければならない』リスト

1. 何事も完璧に行うべきである
2. 常に満点を目指すべきである
3. 何事も最後までやり遂げるべきである
4. 何事も強い信念を持たねばならない
5. 常にベストを尽《つ》くさねばならない
6. 約束や納期は守るべきである
7. 他人に迷惑をかけてはならない

8. まじめに働かねばならない
9. 社会の義務を果たすべきである
10. 社会のルールは守らねばならない
11. 権利を主張する前に、義務を果たさねばならない
12. 粘り強く取り組まねばならない
13. 弱音を吐くべきでない
14. 他人に頼らず、できるだけひとりでやるべきである
15. どんなときも大人として常識的に対応すべきである
16. 社会に貢献しなければならない
17. 仕事は正確にすべきである
18. 仕事はできるだけ早くすべきである
19. 自分の仕事に責任を持たなければならない

そのリストは延々と58まで続いていた。

タマは正子が58まで読み上げるのを聞き終わると、ニヤッと笑って嬉しそうに言った。

「マサコ、おみゃさんも大変じゃにゃ〜吾輩はおみゃさんを尊敬するわ」

「そんなことない」

「マサコ、『べきである』『ねばならない』というのは、『ダメ、不合格』と同じ意味なのら」

「え？　ダメ、不合格？　どこがダメ、不合格なの？　なんで同じなの？」

「では訊くがの、いつも、すべて、完全に、『べき』や『ねばならない』はクリアできておるにょか？」

「そんなのできてるわけないじゃない」

「そう、できないのら。完璧にやりなさいと言ってできなかったら、ほらできなかった、あなたダメ、不合格と言って責める」

「う……」

「満点を取りなさいと言ってできなかったら、ほらできなかった、あなたはダメ、不合格と責める」

「う……」

「最後までやり遂げると言ってできなかったら、ほらできなかった、あなたはダメ、不合格と責める」

「……」

「できないことを要求するということは、ダメ、不合格と言って相手を責めるということと同じなのら。それがマサコのやってることなのら。おみゃさんと一緒にいるといつもいつもダメ、不合格、ダメ、不合格と責め続けられるから、とても疲れるぞよ。普通の人は耐えられないのら。マサコの家族はどこに行ったのら？」

「……出てった……」

「やっぱり」

「うるさいわね」

「今の状況を振り返ってみるのら。**今の状況は今までの生き方の結果**なのじゃ」

「生き方の結果……じゃあどうすればよかったって言うのよ。私は家族のために朝の七時から夜の一〇時まで毎日フルタイムで働いて生活を支えてきたのよ。私は外でお金を稼いでくるのが仕事。だからその役割を完璧にやらなきゃいけなかったのよ。そのために土日だって働いたし、休みの日だっていつも仕事のことを考えて走り続けなければならなかったのよ。この大変さがネコのあなたにわかる？　人間は生きていくだけで大変なのよ」

「家族の面倒は誰が見とったのら？」

「主人が時間に融通のきく仕事だったから、家事全般は主人がやってた」

「おお〜それはありがたいご主人なのら。ちゃんとありがとうを言ってたにょか？」

「……いえ……それはやって当たり前だし……私の方が収入あったし……そういう役割分担だったのよ。この家のローンだって払わなきゃいけないし、車のローンだって……稼げる人が稼ぐべきなのよ。それが私の役割なのよ。私が働かなきゃならないのよ」

「ほら、また言った」

「え？」

「稼げる人が稼ぐべき、私が働かねばならない」

「あ……ネバネバ星人……」

「べきは他人だけではないのら。自分自身をも縛《しば》り付ける鎖《くさり》じゃ。同じ鎖で自分自身もグルグル巻きに縛り付けておるのら」

「自分自身も？」

「そう。人に言うことを自分にも言ってるのら。自分に対してもダメ、不合格ってダメ出しの連続なのら」

「自分にダメ出し？」

「何事も完璧に行うべきであると思いつつ、完璧にできなかったとき、ダメ、不合格と自分を責める」

「う……」

「常に満点を目指すべきと思いつつ、満点でなかったとき、ダメ、不合格と自分を責める」

「……」

「何事も最後までやり遂げるべきと思いつつ、やり遂げられなかったとき、ダメ、不合格、と自分を責める」

「……うう、でも、理想を高く持つからこそ向上できるし、自信がつくのよ」

「おみゃさんは一見、自信があるようじゃが、ホントは自信なんてないのら」

「自信がない？　いや、そんなことない。私は自信はあるわ」

「それは自信ではないのら。それは安心感なのら」

「安心感？」

「**『べき』の枠組みの中に居れば、誰からも文句を言われたり攻撃をされたりしない、という安心感。それは自分が作った檻《おり》の中にこもって外に向かって棒で突っついていることと同じ**なのら」

正子は自分が動物園の檻の中に入って外に向かって棒で突っついているサルになっ

た絵を思い浮かべた。うっ、いやな絵だ。

「ホントの自信とは、檻から出ても鎧を脱いでも平気でいることなのら。完璧主義は間違ったゴールなのら。間違ったゴールは自分も他人も苦しめるぞよ」

一瞬、苦しそうな夫と子どもたちの顔が浮かんだ。

「……確かに、そうかもしれない」

「ほうほう」

「何かができたときとか達成したときとか、そういうときもあまり嬉しいって感じないの。どちらかというとほっとするっていう感じ。あークリアできてよかった、安心っていう感じで、全然嬉しくない」

「おみやさんは、幸せか？」

「は？　幸せ？」

「何のために生きてるのら？　会社のために、仕事するために生きているのか？　走り続けることで、ほんとうの自分から目をそらしているのではにゃいのか？　自分をごまかしてはいかんぞなもし。マサコ、このままの人生で、ホントにいいにょか？」

「このままの人生って言ったって……」

「そういう生き方を『マグロ』というのら。止まったら死んでしまうのら」

「マグロ……」

「このままでは、強制ストップがかかるぞなもし。離婚か病気か事故か、クビとか。最悪、自殺とか」

「離婚……自殺……」

「次に生まれるとき、またこの人生を選びたいか？　答えがノーだったら、それは今の生き方が間違っている、ということなのじゃ」

「生まれ変わりなんて信じないわ。でも……もしまた生まれたら……この人生を選びたくないかも……疲れるし、大変すぎる」

「完璧主義は失敗恐怖症なのら。自分が設定した目標をクリアできないってわかったら、結局諦めて全部放り出すのら。これは失敗に対する恐れと同じなのら。マサコは失敗することが震えるほど怖いのら」

失敗恐怖症……確かに……私、挑戦とかチャレンジとかしたことない。昔、新人の頃、営業部に配属されてうまくいかず、「失敗」という言葉が言えなかったことを思い出した。だから自分が設定する目標はいつも達成可能なものばかり。上司から「もっとチャレンジしたら？」と言われたことがあったが、かたくなに断った。

「マサコ、今日の宿題なのら。このリストの言葉を自分を主語にして、『**べき**』『**し**

なければならない』という文章から、『できる』という文章に書き直すのら」

「『べき』『しなければならない』から『できる』へ書き直す？」

「しょうなのら。ベキベキ・ネバネバ星人からできる星人に変身するのじゃ。次の話はそのあとなのら。そうそう、明日のご飯はキャットフードもつけてくれると嬉しいにゃ。ネコマンマと半生タイプのキャットフード。味は鶏ささみ＆和牛でいいのら」

「和牛……」

「それじゃ、しゃらばなのら」

タマはそう言うと窓からピョンと出て行った。

正子の宿題

3

自分を主語にして〝べき〟〝しなければならない〟をできるに書き直す

4

火曜日、正子はなるべく残業をしないように心がけた。

「あの〜これ、ご確認お願いしてもいいでしょうか？」

会社を出る直前に、また林君が書類を持ってきて正子に確認を求めてきた。

そのビクついた顔を見たとき、正子は彼に自分が相当なプレッシャーをかけていたことに気づいた。

なるほど、これか……私はおんな閻魔だったんだ……

書類は正子的にはかなりの修正点があったが、昨日タマに言われていたことを思い出して二、三の修正でＯＫを出した。林君はホッとしてデスクに戻っていった。

まあ、あれで大丈夫って言えば大丈夫だし。いままで厳しすぎたかも……席に戻っていく林君の背中を見ていた正子は、不思議な解放感を覚えていた。

とにかく今日は早く帰ろう。

正子は急いで会社を出ると、家のそばのコンビニでキャットフードを買った。

《ネコが飛びつく、上質のおいしさ》

キャットフードの缶詰には、上品そうなペルシャネコがグラスに入ったキャットフードを前にこちらを見つめている写真がついている。

同じネコでも、大違いだわ。

正子は急いで帰宅してタマのご飯を用意し、コンビニで買った自分の弁当を食卓に出して窓を開けた。

すると、まるで待っていたかのようにタマが部屋に飛び込んできた。

「お〜、ご苦労なのら。マサコしゃん」

タマは正子に挨拶をすると、ネコマンマとキャットフードをペロリと平らげた。

「やっぱり、缶詰はうまいにゃ。このトロミが最高なのら。ごちそうしゃまなのら」

タマは満足げに舌なめずりをすると、大きく口を開けてあくびをした。

「しゃて、宿題はやったかにゃ？」

「ええ、やったわ」

正子はカバンから『べき』『しなければならない』を『できる』に書き直したリストを取り出した。

「読んでみるのら」

私は何事も完璧に行うことができる

私は常に満点を目指すことができる
私は何事も最後までやり遂げることができる
私は何事も強い信念を持つことができる
私は常にベストを尽くすことができる
私は約束や納期を守ることができる
私は他人に迷惑をかけないことができる
私はまじめに働くことができる
私は社会の義務を果たすことができる
私は社会のルールを守ることができる
私は権利を主張する前に、義務を果たすことができる
私は粘り強く取り組むことができる
私は弱音を吐かないことができる
私は他人に頼らず、できるだけひとりでやることができる
私はどんなときも大人として常識的に対応することができる
私は社会に貢献することができる
私は仕事を正確にすることができる

私は仕事をできるだけ早くすることができる
私は自分の仕事に責任を持つことができる……

「どんな気分にゃ？」

「なんだか、ラクになったわ」

「ほほぅ～、どんなふうにラクになった？」

「そうね……『べき』『ねばならない』の文章だと、当然やらなきゃダメだし、できないとダメだし、それ以外は不可、不合格って感じだったんだけど『**できる**』**に直すと、それがひとつの『選択枝』になった感じがする**」

「おお～、よく気がついたのら。しょうなのら。『ベキネバ』という自らを縛る『枠組み』がはずれて、それがひとつの『選択肢』になったのら。これが枠組みから自由になる、ということなのら」

なるほど。

「昨日のおみゃさんと、どこが違うにょか、言葉にしてみるのら」

「ええっと、昨日の私だと、書類は完璧に仕上げなければいけないと思って、あちこち見ているうちにどんどん修正箇所が多くなって、結局、時間をかけて私がやり直しちゃったの。でも、今日の私は、完璧であることに越したことはないけど、要求されている水準を満たしていればいいと思って、少々おかしなところがあっても許せた」

「マサコ～よくぞ短期間でそこまで成長したにゃ。**『枠組み』を『選択肢』に変えたことで『許す』ということができるようになった**のら」

許す……新鮮な響きだった。正子はいつも「許せない」という言葉ばかりつぶやいていた自分を思い出した。

「これでちょっとは、失敗する自分も許せるようになるのら」

私は失敗することができる……私は失敗を許すことができる……ああ、なんだか解放って感じ。

私、家族に厳しすぎたかもしれない。イチイチ、ケチをつけて、ここがダメ、あそこがダメって……。夫や子どもたちとの関係も取り戻すことができるかもしれない……

「での、マサコ、ここからが大事なとこなのら。おみゃさんのその『枠組み』、同じことを子どものころにおみゃさんに言っとった人間がおるじゃろ。それは誰なのら？」

えっ？　子どものころ？　同じことを私に言ってた人？

正子は目を空中に泳がせて子どものころを振り返った。

同じこと……同じこと……あっ！

「父……」

「おとうしゃん、とな」

「そう、同じこと、父が言ってたわ。父はビジネスマンとして大きな会社で出世して成功した人で……長女の私に厳しかったの」

「ほうほう、どんなこと言われたのら？」

「これからの時代は女だからと言って家庭にこもっていてはだめだ、男と同じように、いや、男以上に働いて実績を上げなければ認めてもらうことはできない。それには自分に厳しく、物事は完璧に仕上げなければならないって」

「厳しいの～」

「そう。社会は厳しいから会社組織で認められてきちんとした収入を得ることが大事だ。それには与えられた仕事を要求された水準以上にこなして認められないとダメだ……お前は女だから男以上に実績を上げて認められなければいけないって。そういえば、母は『次生まれたら、お父さんとは絶対に結婚しない』と言ってた。私もあんな人間にだけはなるもんかと思ったのに、気づいたらおんなじになってる……」

正子はがっくりとうなだれた。

「……私、周りの人にダメ出しばっかりしてたけど、思い出した。父からいつもダメ出しばっかりされてたんだ……いつもいつも『あそこができてない、ここがダメだ、もっとこうやればいいんだ、また間違えた、お前はいつもちゃんとできない』って。私今まで父に褒《ほ》められたこと一度もない。トランプとかゲームとかでも父に一度も勝ったことがない」

「それはまさに今までマサコがやっていたことなのら。周りにも、自分にも」

「私も夫や子どもたちを褒めたこと、一度もないかも……」

「それじゃあ、みんな苦しくなるわけなのら。マサコの頭の中に、厳しいお父さんが住み着いてしまっているのら」

「父が……」

「マサコはお父さんからダメ出しをされるたびに、どんなことを感じていたにゃ？」

「感じて……？」

「しょう。ちっちゃなマサコはダメ出しされるたび、どんなことを頭の中でしゃべってたのら？」

マサコは小さかったときの記憶を手繰《たぐ》り寄せた。苦しかった記憶がよみがえった。

「うう～ん……ああ、またダメだった……私はいつも何か必ず間違いをしでかす……とか、私が何かを正しくやることは絶対にないとか、私はいつも負けるとか、私が勝ったり成功したりすることは絶対にないだろうとか、どうせ間違うんだから余計なことしないようにしようとか……」

「ちっちゃなマサコはそのとき何を決めたのじゃ？」

「決めた？」

「しょう。そのとき何かを決めたのら」

「私が……決めた……何かを……」

「それはちっちゃなマサコが厳しいおとうしゃんに向かって、心の中で言っていた言葉なのら」

「私が……父に……言っていた言葉……」

正子は目をつぶった。

おとうさん……おとうさん……

眉間にしわを寄せ、厳しい顔をした父が脳裏に現れた。

おとうさん、おとうさん、私……私……

父が閻魔大王のように見下ろしている。そうだ、私が父と話すとき、いつもこんなだったんだ。私の中の閻魔大王は父だったんだ。

私は審判を待つ罪人のようにビクビクしながら父の言葉を待っていた。身体中の血が冷たく凍りつき、てのひらが冷たい汗でべっとりして、心臓がドキドキして、お腹が痛くなって……

「私……」

父が鋭い視線で私を見る。思わずひざまずいた。

「私……なんでも完璧にやります。だから……だから許してください」

父の視線は変わらない。

「私、いつも一〇〇点をとります。だから、許してください」

父の視線は変わらない。

「私、いつも何でも最後まできちんとやり遂げます。だから許してください」

「私、何事も強い信念を持ってやります。だから許してください」

「私、常にベストを尽くします。だから許してください」

私……私……

私は父に許して欲しかった。私をちゃんと認めて欲しかった。見て欲しかった。でも、何を言っても否定されるから言えなかった。だからそうしてもらうためにベキ・ベキ・ネバネバ星人になっちゃったんだ。

そうやって自分も周りの人もベキとネバの鎖でグルグルに縛り付け、私もみんなも全員窮屈《きゅうくつ》で不幸になってしまった。私は一体何をやっていたんだろう。証明……そう、私の今までの人生は、頭の中に住み着いてしまった父に自分の存在をひたすら証明しようとして、タマの言う通りマグロのように泳ぎ続けてきただけだったんだ。なんて馬鹿なことをしていたんだろう。

あ〜子どもたちに謝りたい。夫にごめんなさいって言いたい。

正子は目を開けてぽつりとつぶやいた。

「もう一度、人生やり直したい……」

「お父さんは今どうしているのら？」

「父は五年前に亡くなったわ。ガンで」

「ほう、ガンとな」

「頑固で我慢強くて頑張《がんば》る人だったから、ひと言も弱音を吐かなかったの。でも私はおろか、付きっきりで看病していた母に最後までありがとうとも言わなかったわ」

「にゃるほどな。それは3Gなのら」

「3G？」

「我慢、頑固、頑張る、三つ合わせて3Gなのら。前にお医者さんから聞いたのら。ガンになりやすい人間の特徴なのら。マサコもこのままだとガンになるのら」

正子は抗がん剤治療で痩せ細り、顔色の悪くなった父の顔を思い出した。

「やり直すのはいつでもできるのら。今マサコがやることは、頭の中にいるおとうしゃんと和解することなのら」

「和解？」

「そう和解。マサコの頭の中にいるお父さんと和解することが大切なのら。でないと頭の中に住み着いているおとうしゃんが事あるごとに現れて、あーでもないこうでもないと文句を言い続けることになるぞよ」

「それは勘弁してほしいわ。でも私の頭の中にいる父とどうやって和解すればいいの？　父は五年前に亡くなっているのよ」

「本物がいなくてもいいのら。マサコ、椅子をひとつ持ってきてくれるかにゃ」

「椅子を？」

「そう。椅子」

正子はテーブルの正面に自分に向かうように椅子をひとつ置いた。

5

「これでいい？」

「それでいいにゃ。そしてちょっと深呼吸をして心を落ち着けてから、目の前の椅子におとうしゃんが座っていると思って想像してみるのら」

「父が、ここに？」

「そう」

正子は何度か深呼吸を繰り返したあと、静かに正面の椅子を見た。

ここに父が座っている。あの閻魔大王の父が、目の前のこの椅子に座っている。

だんだんと目の前の椅子に父の輪郭が現れた。

父はいつも休日に着ていた紺色のセーターとグレーのズボンで座っていた。

厳しい刺すような視線で私を見ている。ゾクゾク背筋が寒くなり、鳥肌がたった。

「マサコが今感じていること、思っていることを、目の前のお父さんにぶちまけるのら」

「え？　ぶちまける？……」

「子どもの頃言えなかった恨《うら》みつらみを、ぜんぶ目の前のお父さんにぶちまけるのら」

「恨みつらみ……」

「そう、全部言うのじゃ」

正子は目の前に座った父の顔を見た。恐い……目を合わすことができない。すぐ視線を下げた。

「マサコ、ちゃんと顔を見るのら。勇気を出して目を見るのじゃ」

正子は顔を上げた。そして父の目を見た。

心臓がバクバクしてきた。頭の中が真っ白になってきた。胸がぎゅうっと締めつけられる。手先から冷たい汗がじわじわにじみ出てくる。ううう……何も考えられない。

「深呼吸、深呼吸、なのら」

正子は父から目をそらさず、頑張って深呼吸した。

すう〜はあ〜すう〜はあ〜

父の視線は変わらないが、少し落ち着いてきた。

「何でもいい、思い出したこと、言いたいことを全部言うのら」

「言いたいこと……」

正子の脳裏に子どもの頃の様々な出来事が浮かんできた。

「お父さん……あなたは『テレビばかり見ていたらバカになる』と言って、私が夢中で見ていた『クリーミーマミ』を見ることを禁止した」

最終回の日、正子は急いで勉強を終わらせてテレビのスイッチを入れたが、エンディングが流れていて力が抜けて座り込んだことを思い出した。

「最後にマミがどうなったのか、今でも知らない」

父は変わらず正子を見ている。

「お父さん、あなたは小学校五年生のとき、テレビを物置にしまった。あの日学校から帰るとテレビが消えていて、テレビ台だけが残っていて、私は呆然《ぼうぜん》とした。あの風景は絶対に忘れられない。私はすごく悲しかった」

父の口が微妙に動いた。

「小学校六年のとき、あなたは成績が落ちたと言って、私が集めていたマンガを全部捨てた。空っぽになった本棚も忘れられない。あのときのことは死んでも忘れない」

父の目が少し泳いだ。

他にも、他にも……

そのとき父が言葉を発した。

「私はお前によかれと思って……」

「よかれって？　全然よくないわよ。それをされた私の気持ちお父さんにわかる？」

父は黙ってうつむいた。

「私がどんなに悲しかったか、私がどんなに絶望したか、お父さんにわかるはずないわ」

「私はお前の将来のことを考えて……」

「将来のこと？　そんなキレイごと言わないでよ。お父さんが私のこと考えていたなんて信じられない。お父さんは自分の正しさを私に押し付けただけなのよ。押し付けられた私がどれだけ苦しかったか、お父さんにわかる？」

「……」

「あの空っぽになったテレビ台や本棚を見たときの私の絶望感や無力感、お父さんにわかる？」

「……」

「クリーミーマミのエンディングを見ながら、私がどれだけ絶望したか、お父さんにわかる？」

「……」

「どんなに私が頑張っても、お父さんから一回だって褒めてもらったことない。一回だって認めてもらったことない。一回も、一回もよ。その気持ち、お父さんにわかる？」

「……」

「いつもダメだって言われて、いつも足りないって言われて、いつもまだまだって言われて、いつもここが違うあそこが違うって言われて……そうやって否定され続けてきた私の気持ち、お父さんにわかる？」

「……私は私なりにお前を認めていたんだよ」

「認めて？　信じられないわ。あなたは誰も認めてなんかいない。あなたは誰も信じてなんかいない」

「……そうかもしれない……」

父が苦しそうにうつむいた。

「でも、私もどうしていいか、わからなかったんだ」

「わからないからって……」

「私もあのやり方以外、知らなかったし、できなかったんだ。……私の父、つまり君のおじいちゃんはとても厳しい人だった。私は父から殴られて育った」

え……

それは初めて聞いた話だった。

おかしいな……これは頭の中の父との会話じゃないのか。でも私の知らないことを目の前の父は話している。父は続けた。

「私はやることなすこと全て否定され、そして殴られた。私はそうやって育ったので同じことしかできなかった。せめて女の子のお前だけは殴らないようにしたのが精一杯だった」

そういえば、祖父は父と同じように、いや、それ以上に厳しい人だった。あの祖父あってあの父だと、よく思っていた。当然、祖父も大嫌いだった。

「私は、父が私にやったあのやり方しか、知らなかったんだ」

「そんなのいいわけよ！」

「すまなかった。私も父から褒められたことは一度もない。だから私も褒め方を知らない。どうやって褒めていいか、わからなかったんだ」

「すまなかったじゃないわよ。私の人生がこんなになったの、全部お父さんのせいよ！」

「すまなかった。お前が頑張っていることはわかっていた。努力してることもわかっていた。一生懸命やっていることもわかっていた。でも、私は褒める言葉を知らなかったんだ」

「すまなかったじゃないわ。私の苦しみ、私の悲しみ、私の辛さ、私の絶望、お父さんにわかるはずないわ！」

「すまなかった」

「あやまればいいってもんじゃないわ。私の人生、返してよ！」

「すまなかった。ほんとうにすまなかった。私は愛し方がわからなかったんだ」

父はそう言ってうなだれた。

「愛？　あなたは誰も愛してなんかいない。私も母も、あなたから愛なんて感じたこと、一度もない！」

目の前の父の肩が震えている。

「同じなのら」

え……

「おとうしゃんは、マサコと同じなのら」

私と同じ……

「おとうしゃんをもう一度よく見るのら」

私の目の前にいるその人は厳しい閻魔大王の父ではなく、ひとりの年老いた老人だった。その老人はとても疲れ、そしてとても小さかった。私は父を生まれて初めて父親としてではなく、ひとりの人間として見た。

溶けていく……私の中の何かが溶けていく……

心の中で父に対して「許せない」と叫んでいた、私の中の子どもが……溶けていく……

父が目を上げた。

「正子……本当にすまなかった。許してほしい。この愚《おろ》かな父親を許してほしい」

父はそう言って、泣いた。それは初めて見る父の涙だった。

お父さん……

そうなんだ……お父さんも苦しかったんだ。お父さんも私と同じだったんだ。私と同じように、苦しかったんだ。

この人は最後まで苦しんで誰も許すことなく、自分自身も許せないで死んだ。

私も父にありがとうとか言ったこと、一度もない。この人が亡くなったとき、やっといなくなったって思った。母も「やっと死んだわ」って言った。家族からそんなふうに思われるなんて、なんて辛い人生だったんだろう。

「許すのら」

タマの声が聞こえた。

「許す？」

「そう、許すのら。許すことで、自由になるのら。マサコは許すことで自分自身から自由になるのら。それは同時にお父しゃんも自由にしてあげることなのら。許しとは、自由なのら」

許す……

正子は涙を流している父を見た。

許す……許すわ。

……

お父さん、私はあなたを許します。

あなたが私に言ったこと、私にしたこと、全て私は許します。

お父さん、私はあなたを許します。

お父さん、私はあなたを手放します。

「正子……」

父が顔を上げた。

私は許すことで、あなたから自由になります。

お父さん、あなたも私から自由になってください。私はあなたを許します。

罪を許された罪人のように、父の顔がゆるんだ。

「ありがとう正子。許してくれてありがとう」

お父さん……

「これで心置きなく天国に行ける。本当にありがとう、ありがとう正子。私を自由にしてくれて、本当にありがとう」

目の前の父が微笑《ほほえ》んだ。それは正子が今まで見たこともない柔らかな笑顔だった。

「こんなお父さんだけど……お父さんはいつもお前のそばにいる。何かあったらいつでもお父さんを呼んでくれ。いつも応援している。それを忘れないでほしい」

お父さん……

父は柔らかに微笑みながら消えていった。

タマが静かに正子に寄りそった。

「もう頭の中にお父しゃんはいないのら。マサコは自由じゃ。何でもできるのら。マサコはマサコらしく、それでいいのら」

「私……完璧じゃなくていい。私、満点じゃなくていい。私、最後までやり遂げなくてもいい」

正子は大きく深呼吸して言った。

「私、人生やり直せるかな？」

「できるのら。今のマサコならできるのら」

「ありがとう、ありがとうタマ」

正子はタマをぎゅっと抱きしめた。

6

「行ってきます！　お母さん」

中学生になった長男がにこやかに玄関を飛び出して行った。

「お母さん、今度の日曜日一緒に買い物に行こうよ」

高校生になった長女が靴を履《は》きながら話しかけてきた。

「いいわよ。何を買うの？」

「来月お父さんの誕生日でしょ。一緒にお父さんのプレゼントを選ぼうよ」

「いいわね」

「じゃあ日曜日、空けといてね。仕事なんか入れないでよ」

「当たり前じゃない。もう昔の私じゃないんだから、大丈夫よ」

正子は笑いながら長女に答えた。

「じゃあ行ってきます」

「行ってらっしゃい」

長女は元気に玄関を出て行った。

あー幸せ
こういうのを幸せっていうんだ。
これが幸せでなかったら、一体何を幸せって言うんだろう。
ありがとう、タマ、どこかで見ててくれるんだよね。
私、今とっても幸せよ。

第3章

ヘトヘト

「私」を生きる

優

看護師　30歳　アパート　一人暮らし

1

ああ～今日も遅くなったな～

冷たい雨、降ってるし。

優《ゆう》はピンクの傘の向こうに見える、明かりの消えたオフィスビルを見ながら、ふ～っ、とため息をついた。

「お悩みのようじゃの」

変な声が聞こえた。

不思議に思って周囲を見渡したが誰もいない。

おかしいわね～、確かに聞こえたんだけど。

優は怪訝《けげん》そうに首をかしげた。

すると、自動販売機の横で雨宿りをしている一匹のネコと視線が合った。

「あら、ネコちゃん、かわいそうに。こんなところで」

優は即座にネコに近づいて頭をなでた。ネコは人慣れしているようで、気持ちよさそうに目をつぶってなでられている。

「そうだ、ネコちゃん、いいものがあるわよ」

優はカバンを開け、今日時間がなくて食べきれなかった昼食のパンを半分にちぎって、ネコに差し出した。ネコは勢いよくパンをほおばった。

「あら、ネコちゃん、おなかが空いてるのね」

優が残りのパンを与えると、ネコはペロリとたいらげた。

「まあ、ずいぶんとおなかが空いてるのね」

優はすっとネコを抱きあげ、自分のアパートに向かって歩き始めた。

ホントは飼っちゃいけないんだけど、一晩くらいは平気よね。だって、ほっとけないし。

「ただいま〜」

優は玄関の観葉植物たちに声をかけ、部屋に入った。

「ほらほらネコちゃん、きれいにしてあげる」

ネコの身体《からだ》をタオルで拭《ふ》き、プラスチックのお椀《わん》にミルクを入れて差し出した。

ネコはおいしそうにピチャピチャとミルクを飲み干すと、優の目をじっと見つめた。

「あら、ネコちゃん、まだ、おなかが空いているの？」

そのとき、目の前の猫が言った。

「うんにゃ、おなか、もういっぱいなのら」

えっ？　誰の声？

優は思わず周囲をキョロキョロと見回した。

「吾輩《わがはい》ら、おみゃさんの目の前にいる、吾輩ら」

「う……うそでしょ……」

「ホント。吾輩はお話ができるのじゃ」

そんな……ネコが話すなんて……

「吾輩はおみゃさんにお礼を言いたいのら。パンとミルクをごちそうさまなのら」

「ネコちゃん、ホントにあなたなの？」

「そうなのら。吾輩が話してるのら」

なんて……なんて言ったらいいのかしら……ビックリだわ。

「みんな、最初はビックリするにゃ。でも、すぐに慣れるのら」

「ネコちゃん、お話ができるの？　すごいね～ビックリしちゃった」

「そうなのら、吾輩はすごいのら」

ネコは得意げに胸を張った。

「お話のできるネコちゃん、それじゃ、もうちょっとキレイにしましょうね」

優はウエットティッシュでネコの顔と足の裏を手際よく拭きとった。

「おお……気持ちいいのら……スッキリ。ありがとうなのら」

「どういたしまして」

「お世話になったお礼をしたいのら。おみゃさんの悩みを話してみるのら」

「まあ～このネコちゃん、人間の悩みなんてわかるのかしら」

「吾輩を甘く見たらいかんぞなもし。こう見えても、結構、吾輩、凄《すご》いのじゃぞ」

「はいはい、ネコちゃん。そうね、じゃあちょっと私の話も聞いてもらおうかしら」

優はやさしく微笑《ほほえ》むと、ネコに向かって話し始めた。

「私の悩み……悩み……そうね～」

優は一瞬、大輝《だいき》のことが頭によぎったが、仕事のことを思い出した。

「最近、忙しくって、体調もよくないし、ストレスもたまってるみたいだし」

「ほうほう、ストレスとな」

「なかなか休めないのよ。それが悩みと言えば、悩みかしらね」

優はニコッと微笑んだ。

「おみゃさんはどんなお仕事をしとるのら？」

「うん、私は看護をしているの。怪我した人や病気になった人を看護するお仕事。看護師って言うの」

「それは立派なお仕事じゃ」

「うん、私もそう思う。やりがいのある仕事よ」

「でもにゃんで、お休みできにゃいのら？」

「それはね、お仕事が忙しいからよ。勤務時間も不規則だし」

優は子どもに言い聞かせるようにやさしく言った。

「不規則？」

「勤務も三交代制だし」

「三交代制って、にゃんなのら？」

「うん、まずは日勤って言って朝の八時から午後四時半まで。次が準夜勤って言って四時半から夜中の一二時半まで。最後は夜勤で一二時半から朝の八時まで。順番で交代するの」

「おお、それは忙しいにゃ」

「うん、そうなのよ」

「でもお勤めの時間は決まってるのら。時間がくればお仕事は終わりにできるのら」

「ううん、なかなかそうはいかないの。引継ぎで次の勤務の人たちに患者さんの状況とかお医者さんからの指示とかを伝えなきゃいけないし、やり切れなかった処置や検査をやっておかなきゃいけないし。後輩たちの面倒も見なきゃだし。やることは無限にあるの」

「無限……しょんなに、お仕事とやらは、いっぱいあるにょか？」

「そうなの、いっぱいあるのよ。困っちゃうわね」

「それは、おみゃさんだけが忙しいのか？　それとも、みんな忙しいのか？」

優は視線を空中に泳がせると、ふと、自分の職場を振り返ってみた。どんな仕事もそうかもしれないけれど、看護師の仕事も忙しい。一応勤務時間はちゃんと決まってるけれど、定時で帰ったことは一度もない。

「うん、忙しいわ」

とは言ったものの、ふと気づいた。

確かに、私はいつも最後まで残っていることが多いわ。定時で帰っている子もいるけど。

いや、定時で帰っている子の方が多いかも……

先週なんか、毎日帰るの最後だったし。先月は具合の悪くなった子のピンチヒッターで日勤と準夜勤のぶっ続けを三回もこなしたし……

「みんな忙しいけど、その中でも私はかなり忙しいかな」

「ほう～おみゃさんは、他の人間よりもたくさんお仕事をしなければならない役割にゃのか？」

「いえ……そうじゃないけど……」

そう、病院は基本的にフラットな組織だ。病棟トップに師長がいて、あとはグループごとに患者を担当している。グループのリーダーはみんなの持ち回りで、特に決まった人がいるわけではない。優もリーダーをやる日もあれば、いちメンバーとして動いている日も多い。

「じゃあ、おみゃさんの仕事は、他の人間よりもたくさんの時間がかかる仕事なのかにゃ？」

「いえ、そんなこともないけど……みんなと同じよ」

「じゃあにゃんで、いつもおみゃさんはそんなに忙しいのら？」

……？

確かにそうだわ。なんで私だけこんなに忙しいのかしら。

「でも、やることがいっぱいあるのよね～」

優は適当に返事をした。

「これ、ええっとおみゃさん、にゃまえは何と言うのら？」

にゃまえ？　あぁ名前のことね。

「私……私は優よ。じゃあ、ネコちゃん、あなたのお名前は？」

ネコはコホンと咳払《せきばら》いをすると胸を張って言った。

「吾輩はネコである。にゃまえはまだにゃい」

「あら～面白いわね。夏目漱石みたいね。じゃあ、私が名前を付けたげるわ。……そうだわ。ニャンコ先生ってのはどうかしら。ずいぶん昔にそういうアニメがあったのよ。確かお化けが見える子が主人公で、その子を助けるネコよ。ニャンコ先生にしましょう」

「ニャンコ先生……いい名前なのら。吾輩、先生なのら」

「ニャンコ先生、よろしくね。じゃあそろそろ、お休みの時間よ」

「これユウよ、質問をはぐらかすでないのら。にゃんで、そんなに忙しいのら？」

「う〜ん、わからないわ。いつの間にか仕事がいっぱいになっちゃうの」

「ほう、おみゃさんは忙しくって、体調が悪くなって、ストレスがたまることが悩み、とさっきいったにょ」

「ええ、言ったわ」

「でも、その原因はさっぱりわからにゃい、とも言った」

「ええ、言ったわ。そうね、だから悩みなのね」

「これこれ、そこで思考停止するでにゃい。そこから先におみゃさんの悩みを解決する糸口があるのら」

そこから先？

「そうなのら。わからない、とあきらめにゃいで、考えを続けるのら」

「でもどうやって考えを続ければいいの？」

「まずは、**一日、なんでそんなにやる仕事があるかを整理すること**にゃ。一体、自分はなんでそんなに毎日忙しいのか、一日の時間を何に使っているのか、どんなことをして時間を費《つい》やしているのか、ということにゃ」

「仕事を整理するってこと？」

「うんにゃ、振り返るってことなのら。**一日の仕事を振り返って、何に何時間使ったのかを振り返ってみるのら。そうすれば、整理できる**のら」

振り返って、整理をしてみる……

「紙とペンもってきて、今日の自分の行動とそれにかかった時間を思い出して書いてみるのら」

なんだか、ちょっと面白そう……やってみようかしら……

「吾輩、おみゃさんが書き終わるまで、ここで寝てるにゃ。お話はその後なのら」

ニャンコ先生はふっくらとしたピンクの座布団の上に丸くなった。

優は丸くなったニャンコ先生を見ながら、紙とペンをカバンから取り出した。

優の宿題 1

今日一日の自分の行動を振り返って整理してみる

「ニャンコ先生、できたわ。どうかしら」

「ユウ、しゅまんの、読んでほしいのら。吾輩、字は読めないのじゃ」

「あら、さすがのニャンコ先生も字は読めないのね」

優はクスッと笑うと、自分のメモに目をやって読み始めた。

2

5：30　起床
6：30　準備して家を出る
7：00　始業1時間前に出勤。ナースステーションのデスクとパソコンをぞうきんで拭く。
前日にたまったごみ箱のごみをダストボックスに捨てる
1日の自分のスケジュール（患者さんの検査や手術、リハビリなど）確認
グループメンバーのスケジュールも同様にチェック
夜勤の子たちに病棟の患者さんの状態を訊いてメモする

8:00　申し送りで前日夜勤さんの業務からの引継ぎ
8:30　業務開始。患者さんたちの点滴の準備、病棟をまわって朝食の配膳
9:00　入院患者さんたちの検温・血圧と血中酸素濃度のチェック
10:00　新人の片岡さんからヘルプで患者さんの点滴と採血を手伝ってあげる（45分）、同じく2年目の松本さんからのヘルプで患者さんのリハビリルームへの付き添いを代わりに行ってあげる（15分）
11:00　入院患者さんの検温・血圧と血中酸素濃度のチェックの残りと昼食の配膳準備
11:30　松本さんが患者さんにつかまって困ってたので、私が代わりに患者さんの話を聴いてあげる
12:00　昼食の配膳
12:30　ランチ
12:45　2年目宮崎さんと平野さんから清拭《せいしき》のヘルプ。代わりにやってあげる（30分）
13:15　先週のインシデントの報告書を作りはじめる（30分）
13:45　新人の岩野さんが気分が悪いというので、休ませて代わりに業務をやって

あげる（1時間）

15:00 ベッドのシーツ交換と退院した患者さんのベッド交換（新人さんの分も手伝う）

15:30 岩野さんがよくなったので報告書の作成を続ける（15分）

15:45 同期のマッキーのヘルプ、業務と並行してマッキーのレポート作成を手伝う（2時間）

16:20 準夜勤さんへの申し送りと夜の薬のある患者さんの巡回と確認

17:30 マッキーのレポートができたので、自分の報告書作成にとりかかる（30分）

18:00 患者さんの夕食配膳準備と配膳の手伝い

18:30 マッキーのレポートで間違いが見つかったので、空いた時間に一緒に修正（2時間）

20:30 自分の報告書作成つづき（2時間）途中、準夜勤さんのヘルプ（回数忘れた）

22:30 報告書完成、病院を出る

23:00 ニャンコ先生を連れて帰宅

「こんな感じね……」

「ユウ、おみゃさんはこれを見て、何も思わにゃいのか？」

「そうね〜、今日も忙しかったわ〜ってことかしら」

「ブッブー！　ハズレにゃのら」

「でも忙しかったわ、こんなに」

優は自分のメモをニャンコ先生に出した。

「おみゃさんは何もわかっていにゃい」

「私が何をわかっていないのかしら？」

「今日のおみゃさんの仕事で、一番大事なものは何だった？」

「それは、毎日の患者さんのケア。それと来週出すインシデントの報告書を作ることよ」

「インシデントってなんなのら？」

「インシデントってね、もうちょっとで事故になりそうだったっていう事例のこと。私たちは命を預かってるの。だから絶対に医療事故を起こしちゃいけないの。だから事故になりそうだったいろんな事例を集めてみんなで共有して、そういうことが起こらないようにしているの」

「なるほどなのら〜。でもユウ、おみゃさんがその大事な報告書を作るのに使った時間はどのくらいなのら？」

「ええっと……」

優はメモに目を移して計算を始めた。

「三時間ってところね。大作だわ」

「他におみゃさんの仕事は……？」

「患者さんの巡回とケアね」

「ふたつ合計すると、どのくらいなのじゃ？」

「七時間ね。あれ？　意外と働いてないわね」

「しょうなのら。これだけなら、ユウはもっと早く帰れるのら」

「でも、片岡さんや松本さんは困ってたし、平野さんや宮崎さんや岩野さんだって
……マッキーも困ってたし、ほっとけないわ」

「それは、おみゃさんが絶対にやらなければいけないことだったのかにゃ？」

「困ってるんだから、仕方がないじゃない。だって、私がやってあげないと……」

優はそこで口ごもった。

「……」

しばらく無言ののち、ニャンコ先生はニヤッと笑って言った。

「そこがユウの核心なのら」

「……核心？」

「じゃじゃーん、**おみゃさんは、みんなを信用していにゃいのら**」

「そ……そんなことないわよ。私は皆を信用しているわ」

「い～や。おみゃさんは、みんなを信じていないのら」

「そんなことないってば。私は皆を信じている。なんでいじわるなことを言うの？」

「では訊くが、ユウ、さっき言いかけた言葉『**だって、私がやってあげないと**』**の後、どんなセリフが続くのら？**」

「えっ？　え～と、私がやってあげないと……」

優は消え入りそうな小さな声でつぶやいて、また、口ごもった。

「私がやってあげにゃいと？」

優はちょっと間をおいてから答えた。

「私がやってあげないと、皆も困ってるし……かな」

「ブッブー！　違うのら。それはその前のセリフなのら。『皆が困ってるから、仕方がない。だって、私がやってあげないと』なのら。その次はどうなるのら？」

「うう……私がやってあげないと……うまくできない……かも……」

「ほら、出たのら」

「いえ、でも、これは言葉のアヤなのよ。私は皆を信じているわ」

「おみゃさん、自分の言ったことに責任を持つのら。間違いなく、そう言ったのら。私が手伝ってあげないと、この人たちはうまくできにゃい、って、言ったのら」

「……そんな、揚げ足とるようなことを言わないで」

「揚げ足ではないのら。こういう、**ふとしたときにこそ、本音が表れるものなのら。**おみゃさんは自分の本音に気づいていないのら」

「私が本音に気づいていない？」

「そうなのら。**おみゃさんは自分の本音に気づいていないのら。おみゃさんは皆を信用していないのら。だから、信じてまかせることができないのら。信じてまかせることができないから、手出しをしすぎるのら**」

「私が手出しをしすぎるって言うの？　みんな困っているのよ」

「モノには限度というものがあるのら」

「限度？」

「そうなのら。たとえば、ええっと、カタオカしゃんからのヘルプ……え～と何時間だったかの？」

「一時間よ」

「そうそう、一時間おみゃさんが一緒につきっきりでやらなきゃ、カタオカしゃんはできなかったのかにゃ？」

「そ……そんなこともないけど、ちゃんとできるか心配だったし……」

「そうなのら。カタオカしゃん一人ではちゃんとできると思っていなかったのら。カタオカしゃんを信用していないのら」

「……」

「ミヤザキしゃんとヒラノしゃんも同じなのら。教えたげるのはいいのらが、代わりにやってあげたのは何でなのら？」

「そ……それは、私がやってあげた方が早いし、ふたりも助かるし……」

「そうなのら。ミヤザキしゃんとヒラノしゃんより、自分の方が早くできるのら。ミヤザキしゃんとヒラノしゃんも信用していないのら。ふたりは助かって嬉しいんじゃないのら。ラクできて嬉しいのら」

「……」

「マッキーはどうなのら？」

「……マッキーは書類作りが苦手なの。だから私が教えてあげながら一緒にやったのよ」

優の声が小さくなった。

「マッキーには、合わせて四時間もなのら。マッキーはおみゃさんがべったり四時間はりつかなかったら、書類をまともに作れないダメ人間なのら」

「そんなこと言ってないわよ！」

「そう言ってるのと同じなのら」

「……」

「おみゃさんはみんなを信頼していないのら。信頼していないから手出しをするのら。手出しをするから、仕事がいっぱい増えるのら。仕事がいっぱい増えるから、帰るのが遅くなるのら。帰るのが遅くなるから、ストレスがたまって、体調が悪いのら」

「……そうね……。ニャンコ先生の言う通りかもしれない。私って、最低ね……」

「にょひょひょ～、今度はそこに行ったかの～」

「そうよ。私は皆を助けるふりをして、本当は信用していないイヤな人間なのよ。私に皆を助けるなんて資格はないんだわ」

「ユウに宿題なのら。明日、職場に行ったら、自分の心の声をよく聴き、相手を信じて余計な手出しを一切しないのら。そうすると、何時に家に帰ってこられるか、試してみるのら」

「そうね、やってみるわ……」

優は元気なく返事をした。

優の宿題

2

相手を信じて余計な手出しをしない

3

こんなに早く職場を出たのは何年ぶりかしら？

翌日、優が職場を出たのは夕方の六時だった。

優は記憶をたどったが、思い出せなかった。

この道、いつもと違って人が多い。この時間、こんなに人がいっぱい歩いているんだ。なんか空気の匂いも違う。

優は目をつぶって息を吸い込み、道行く人たちを新鮮な目で眺めた。

そうね、私がここを歩いている時間、いつも一〇時過ぎだし……でもなんかモヤモヤする……

なんだろう……うしろめたい……誰かに責められてるみたい……この時間にこうして歩いていて、いいんだろうか……優は目を伏せ、まるで罪人のように小さくなった。

優はコソコソと最寄り駅を降りると、帰りがけに近所のスーパーでカツオブシとキャットフードを買った。

「ニャンコ先生は帰ってくるかしら？」

今朝、ニャンコ先生はミルクを飲み終わると窓枠にぴょんと飛び乗り、

「さあ、今日も冒険へ出発なのら」

窓から飛び出して行ってしまったのだった。

優がアパートに入って明かりをつけ、窓を開けると、待ってましたとばかりにニャンコ先生が部屋に飛び込んできた。

「ユウ〜、おなか減ったにゃ〜」

「ニャンコ先生、ちょっと待っててね、今、用意するから」

優はご飯にカツオブシをのせたネコマンマを作って、キャットフードと並べてニャンコ先生の前に置いた。

「いただきますなのら」

「どうぞ」

ニャンコ先生はガツガツと平らげ、舌でぺろりと口をふいた。

「おいしかったのら〜。キャットフードも付いていて、最高じゃ。ユウはとっても気がきくのら〜」

「まあ、ニャンコ先生ったら」

「ユウ、今日は早く帰れたのら。お仕事、ヒマだったのか？」

優は今日一日の職場でのできごとを振り返ってみた。

「い～え、全然。今日は近所の学校で食中毒があって、大変だったのよ」

「ほうほう～」

「お腹痛いって泣いてる子どもたちがいっぱい来て、私も外来のヘルプに行って。その対応でみんなヘトヘトになってたわ」

「ユウは早く帰って来たのら」

「昨日の話、ショックだったのよ。あ～私、なんてイヤな人間なんだって。だから今日はなるべくそうならないようにしたの。そしたら、こんなに早く帰れたの」

「もうちょっと、詳しく話してみるのら」

「今日もマッキーに手伝ってって頼まれたの。でも、私も忙しかったし、マッキーのことを信じて、目に付いたとこだけ教えてあげて、後は自分でやってもらうようにしたの」

「マッキーはできたかにょ？」

「ええ、私が心配することなかったの。ちゃんとできたのよ。他にもまた片岡さんが来たから『昨日教えたでしょ。自分でやってみて』って言ったの。そうしたら、自分でやってたわ」

「ほうほう〜」

「私、今日の宿題やってみて、今まで私は相手を信頼しないで、私がやってあげなくちゃ、と思い込んでいたことを痛感したわ」

「すごいのら〜」

「片岡さんを見て思ったの。彼女は何でも私に訊いてきて、私はそれをやってあげてきたんだけど、彼女の評価ってとっても悪いのよね。『仕事が一人でできない人』って」

「ほうほう〜」

「でも、彼女をダメにしてたの、もしかしたら私なのかなって。なんでもやってあげてたから、自分ひとりじゃできなくなっちゃったのかもって」

「ほうほう〜」

「マッキーや新人さんたちも同じような所があったかもしれない。結局、私が手を出しすぎてたのかもって思ったの」

「すごいのら〜。一日でこんなにいっぱい気づいたのら」

「ありがとう、ニャンコ先生。何だか私、とっても軽くなった気がする。でも、変な感じ」

「どんな感じなのら？」

「うん、なんだかやることとやってないっていうか、誰かに責められてる感じ」

「ほうほう、責められてる感じ……とな。ひとつ訊くがの、ユウは何でそんなにも周りの人を助けようとするのら？」

「それは……今までもそうやってきたし……そういう仕事だし……」

「今までずっとそうやって誰かを助けて、誰かを喜ばせて生きてきたにょか？」

「誰かを喜ばせて……そうかも……私が誰かに何かしてあげて、その人が喜んでるのを見ると、あーよかった、私、生きてるって感じるの」

「ほうほう、歪《ゆが》んどるにゃ〜」

「歪んでる？　何が？」

「歪んでるのら。すっごく歪んでるのら」

「誰かが喜ぶ顔を見ると嬉しくなるでしょ。それのどこが歪んでるって言うの？　誰かに喜んでもらうっていうことが、私の生きがいなの」

「じゃあ訊くが、ユウは誰にも感謝されないというのはどうなのら？」

「そんなの生きてる意味がない。人に感謝されてこその人生だと思う。誰かが幸せになれるなら、私は不幸になってもいいいと思う」

「歪んどるにゃ〜ユウはどんな人生を歩んできたのら？」

「人生？」

「しょう、人生。**ユウはすっごく歪んでる。歪むには、歪む理由がある**のら。それはユウがどんな環境で育ってきたかということなのら」

「環境……」

優が空中に目を泳がせて自分のことを振り返った瞬間、息が苦しくなった。大変だった子ども時代のことをが浮かんできた。

「……私が育った家は、分厚く高い石の壁《かべ》で囲まれていたの」

「壁？」

「うん、ホンモノの石の壁じゃないよ。そういう感じってこと。家の中の出来事や、私たちの声が外に漏《も》れない分厚い石の壁」

「……壁の中には何があったのら？」

「……秘密……かな。私も家族も、誰にも家の中のことを知られたくなかったの、いや、知られちゃいけないって……。間違って家の中のことを誰かに知られそうになったら、家族みんながそれを覆い隠そうとする……そういう家。家の中のことを外に知られてはいけない、それが我が家のルールだったの」

「ユウのおうちには、どんな秘密があったのら？」

「今まで誰にも言ったことがなかったんだけど……父がアルコール依存症だったの」

「ほう」

「元々大きな会社に勤めてたんだけど、景気がいいときに独立して、しばらくうまくいってたんだけど、会社が倒産しちゃって。そうしたらお酒に逃げるようになっちゃって」

「それは大変だったの」

「お母さんはスーパーで働きながらお父さんの世話をしてたんだけど、お父さんすぐにお酒を買ってお金全部使っちゃうの。いつもそれで喧嘩《けんか》ばっかり。だからお金が全然なくて」

「それは大変だったのう」

「うん、それで、三つ下の弟と五つ下の妹の世話は全部私がやっていて」

「……」

「ふとしたとき、お父さんとお母さんがののしり合っている姿が目の前にぱって浮かんでくるの。言い合いはどんどんひどくなって、つかみ合いの喧嘩になって、最後はお父さんがお母さんを殴って、お母さんが家を飛び出していく。私は弟と妹を抱《かか》えて電気を消して暗くなった隣の部屋のすみっこで、嵐が去っていくのをひたすら待っていたの。

　お父さんがお母さんを殺してしまうのではないかって、とっても怖かった。そして息が詰まるほど体が硬くなって、震えてる弟と妹を抱きしめていたの」

「……」

「父が依存症のグループホームに入るときたくさんお金が必要だったんだけど、そのために貯金が全部なくなっちゃって。私も高校生のときからずっとアルバイトして家にお金を入れてたの」

「しょうなのか」

「うん、それで私、安定して収入が得られる看護師っていう仕事を選んだの。奨学金も返さなきゃだし。それに病気の人の面倒を見ることは父で慣れてるし」

「にゃるほど」

「お父さんは自分のことで精一杯だし、お母さんはお父さんを支えたりお金を稼ぐことで精一杯で……あなたがいて助かる、いつもそう言われてきたの。私が褒《ほ》められるのは助けたときだけ」

「誰かに相談することはできなかったにょか？」

「うん、父がアルコール依存であること、母はその面倒で私たちの世話がほとんどできていないこと、そういうことを話し合ったり解決しようとすること自体、よくないことだという雰囲気だったの。家族の触れてはいけない部分、タブーってこと」

「タブー……」

「親がかわいそう、なんとか助けてあげなくちゃっていつも考えてた」

「にゃるほど。だからユウは今みたいになってしまったのら」

「今みたいに？」

「しょう。自分のことは後回しにして、ひたすら周囲の役に立とうとする」

「……確かに……そうかもしれない」

「困っている人がいると、放っておけない」

「それも……ある」

「他の人を助けているときは生きているって感じで元気だけれど、助けることがなくなると、胸にぽっかりと穴が開いたように無力感を覚えてしまうにゃ」

「うん、それも、ある。自分はいらない人間じゃないかって感じるとき、ある」

優は今日、帰りに感じた虚無感《きょむかん》を思い出した。

「だから周りの人に手を出しすぎるのら。そうやってものすごく忙しくなってたのら。

それは誰かのためなんかじゃない。ユウの恐れなのら」

「私の恐れ？」

「自分という存在が寄って立つ基盤がなくなる、という恐れ」

「私という存在……」

「ユウは助ける人がいないと、生きていけない人なのら。恐れはとってもコワいのじゃ。コワくてコワくて仕方がないのら。だからユウは助ける人を見つけ出しては、必要以上にお助けしてしまってたのら」

「かも……しれない……」

「しょう。誰かを助けることで、ユウは初めて自分を認められるのら。誰かを助けてないと、生きてる価値がないのら」

「……」

「ユウは自分の人生を生きていないのら」

「自分の人生を生きてない？」

「しょう。他人の人生を生きてるのら。それに気づいているにょか？」

「他人の人生を……生きてる？　どういうこと？」

「他人のことばっかやって、他人のやることを一緒にやって手伝って、他人

を助けて、お世話して面倒見て……それぱっかりして生きてる人……そういう人のことを他人の人生を生きるっていうのら」

「……」

「ユウはほんとうは何がしたいのら？　人のお世話ではなく、ユウがしたいことって何なのら？」

「私がしたいこと？」

「そう、**他人を喜ばせることではなく、ユウがホントにしたいこと**なのら」

……優はしばらく空中を見つめ、ぽつりと言った。

「わからない……」

「わからない？　誰でもしたいこと、あるのら。旅行とかおいしいもの食べるとかなんでもあるのら」

優はまた視線を空中に泳がせて言った。

「わからない……そんなこと、考えたことなかった……」

「自分の人生は自分しか生きることができないのら。**誰もユウの代わりに、ユウの人生を生きることはできない**のら」

「私の人生……わからない……どうやって自分の人生を生きていったらいいか、全然わからない……」

そう言った瞬間、なんだか涙が出そうになった。

「ユウ、目を閉じるのら」

「目を？　うん、わかった」

優は目を閉じた。

「深呼吸なのら。ゆっくりと、深く深呼吸なのら」

優は大きく胸に息を吸い、静かに吐き出した。

「ふか〜く……」

……すう〜っ、はあ〜っ……すう〜っ、はあ〜っ

「身体を感じるのじゃ」

優は身体の感覚に意識をフォーカスした。空気が肺に入ってきて、身体を巡っては、出ていく……何度も繰り返しているうちに、頭の中が静かになっていく……指の先端がじんじんしてきた。ふくらはぎから下が重くなってきた……

「今日、ここに至るまで、ユウの人生にはいろんなことがあったのう……」

うん……確かにいろんなこと、あった……

「つらいこと、苦しいこと、悲しいこと……いろんなこと、あったのら」

うん、あった……いっぱいあった……

両親のつかみ合う姿……母が飛び出した開けっ放しの玄関から見えた、真っ暗な穴みたいな空間……弟たちの震える身体……

「その出来事が起きるたび、ユウは精一杯やってきたのら」

うん……必死だった。とにかく目の前のことに対処する……、必死だった……

「一生懸命、考え、やり方を探し、見つけ、ユウがいい、と信じたことを、精一杯、力の限りやってきたのら」

うん、そう。いっぱい、いっぱい……もうこれ以上できないくらい……やってきた。

「うまくできたことも、あるのら。うまくできなかったことも、あるのら。**そうやって頑張ってきた、ユウを感じるのら。一生懸命に生きてきた、自分を感じるのら**」

うん、私、一生懸命やってきた……両親の怒号《どごう》が響く暗い部屋の片隅で、弟と妹を抱きしめて耐えていた自分……父の……母の役に立とうといつも気を張って頑張ってきた自分……母の代わりに弟と妹の面倒をずっと見てきた自分……

「自分で自分を、抱きしめるのら。自分の身体を両手で抱きしめるのら」

優は両手で自分を抱きしめた。あったかい……

「よくやってきたのう～心の中で自分にそう言ってあげるのら」

優の両手に力がこもった。

本当に、本当に、私、よく頑張ってきた……優は自分が愛《いと》しく感じられた。

「身体を戻すのら。しかし……いま、ユウの目の前に、大きな壁が立ちはだかってるのら。とっても大きくて、高くて頑丈な壁がそびえ立ってるにゃ」

優の目の前に壁が現れた。

これは……私の家を囲んでいた、あの石の壁だ！　あの、分厚くて高い石の壁……

「ユウは、この壁を越えなければならないのら」

この壁を……越える……無理、無理よ。無理に決まってる。上を見上げた。壁は果てしなく高く、てっぺんが見えない。

「越えるのら。越えなければユウは自分の人生を生きることはできないのら。頑張るのら」

うん、わかった……この壁を越える……越える！　絶対に、越えてやる！

「今までのユウを思い出すのら。ユウのやり方、ユウの方法、ユウの知ってること、ユウが正しいと思っていたこと……『自分』を強く意識して、手をぎゅって握るのら」

優は目の前の石の壁を見上げた。

越える！　越えるの！
私は！
私が！
私の！
握力がどんどん強くなり、爪が当たって痛くなってきた。
私！
私！
私！
石の壁のすみっこにデコボコが見えた。優はそれに手をかけ、登り始めた。
つかめるものを全てつかみ、足場になるところを全て足場にし、ぎゅっとつかみ、
ぐっと蹴る。必死に……必死に登り続けた。
越えるんだ！
越えるしかないんだ！
ふと上を見ると……壁のてっぺんが全く見えない……
ううう……
だんだんと疲れてきた。だんだんと苦しくなってきた。

いったいいつまで、こんなことをしなければ、ならないんだろう？

いったいどこまで、この壁を登らなければ、ならないんだろう？

そのときだった。

ああっ!!

手が離れた。

優は真っ逆さまに落ち、どーんと身体ごと打ち付けられた。

うう～痛い!!

ダメだった……

無駄だった……

通用しなかった……

「しょうなのら……」

そうって……？

「壁は、ユウの考えたこと、やったこと、ユウが頑張ってきたこと全部、跳ね返したのら。ユウが全身全霊をかけても、まったく歯が立たなかったのら」

歯が立たなかった……

「しょうなのら。この壁は、今までのユウでは、越えることはできないのじゃ」

今までの私では……越えることができない……

「ユウ、今までの『私』を手放すのら」

私を……手放す……？

『私』を手放すのら。この壁は『私』を手放さないと、越えられないのら」

優が見上げると、壁の向こうからまばゆく輝く光が見えた。

「その光は、ほんとうのユウの光なのじゃ」

ほんとうの……私……

『私』を手放すのら。握った手をゆっくり開くのら。肩の力を抜いていくのら。力を抜きながら、どんどん『私』を手放していくのら」

ああ～「私」が溶けていく。石の壁の前で固まっていた「私」がゆるんでいく……

私のやりかた……私の方法………私の知識……私の正しさ……

私
私
私……

突然、ひらめいた。

もうこの「私」はいらないわ！

今までの「私」を手放して、あの光に身をまかせよう……

もう、私は、「私」を明け渡すわ。

もう、全て、おまかせします。

身体がゆるんで、温かくなってきた。

光が体にあたり、体が光り始めた。

おまかせします
おまかせします
そうか、私は、光の一部だったんだ。

私は、ひかりだったんだ。「私」はいらなかったんだ。

「安心するのら。もう、何も心配することはないのら。しゅべては必ずうまくいくようになっているのら」

全ては……必ず……うまくいく……

優に光の中にゆったりと身をゆだねた。

ああ、気持ちいい
優はひかりと一体になった。

これが人生をゆだねるってこと……これが人生を信頼するってこと……

その瞬間、優の背中からバサッと光り輝く純白の翼が現れた。

なに？　なにこれ!!

翼はバサッバサッと、大きく、力強く羽ばたく。

身体が浮き上がる。地上がグングンと小さくなっていく。

私、私、飛んでる!!　すごい！

目の前の壁が、どんどん下に流れていく。

ああっ、越える、越えられる!!

次の瞬間、目の前から壁が消えた。

壁の向こうは光だった。

まぶしい！

あああ!!

「そうなのら。越えるのではなく、超えるのら。それがホントのユウなのら」

ほんとうの……私……

優しい、そして懐かしい光の空間。これなんだ……これが私……なんて気持ちがいいんだろう。

「そろそろこの世界に戻ってくる時間なのら。準備ができたら、目を開けるのら」

静かにニャンコ先生の声が響く。優は穏やかに目を開けた。目の前にニャンコ先生が座っていた。

「ひとりで全部やらなくていいのら。助けてって言っていいのら」

「うん……」

「嫌なことは嫌って言っていいのら」

「うん……」

「泣いてもいいのら」

「うん……」

「怖がっていいのら」

「うん……」

「怒っていいのら」

「うん……私、泣きたかったけど泣けなかった。怒ってるのに怒れなかった。怖いのに怖いって言えなかった。弟たちを抱きしめながら、暗い部屋の隅っこでひたすら小さな箱に閉じこもってそれにフタをしてた。私、フタしたまま大人になっちゃった」

「いま、フタが開いたのら」

「うん……開いた……私、これから私の人生を生きる、生きるわ。ありがとう。ニャンコ先生……」

4

昨日より、もっと早く職場を出られた……

翌日、優が職場を出たのは昨日よりさらに一時間早い夕方の五時だった。

優はまた目をつぶって息を吸い込み、大きく吐き出した。

ああ〜気持ちいい。

傾いた太陽がやさしく街並みを照らしていた。

今日はぜんぜんモヤモヤしない……責められたりやり残したり、そういう感じがぜんぜんない。そうか、私、昨日「私」を手放したんだ。これが自分の人生を生きるってことなのかもしれない。なんだか、生まれ変わったみたいにスッキリしてる。不思議……

優はさっそうと最寄り駅を降り、近所のスーパーでキャットフードを買った。

「ニャンコ先生はまた来てくれるかしら？」

ニャンコ先生は今朝もまた、ミルクを飲み終わると窓枠にぴょんと飛び乗り、

「さあ、今日も冒険へ出発なのら」

窓から飛び出したのだった。

優がアパートに入って明かりをつけ窓を開けると、ニャンコ先生が部屋に飛び込んできた。

「ユウ～、おなか減ったのら～」

「ニャンコ先生、また来てくれたのね～、ごはん今、用意するからね」

優はご飯を作ってニャンコ先生の前に置いた。

「いただきますなのら」

「どうぞ」

ニャンコ先生はガツガツと平らげ、舌でぺろりと口をふいた。

「おいしかったのら～。最高なのら。吾輩、大満足なのら」

「どういたしまして」

「ユウ、今日はどうだったのら？」

「うん、今日、いっぱい気づいたの」

「ほうほう、気づいたとな」

「うん、今までは何か考えたり決めたりするとき、周りの人の状況とか見て、自分が手伝えることや困っている人を無理やり探してたって気づいたの」

「おお〜」

「けど、それが全然なくなったの。周りのことは周りにまかせる。私は私のことをやる。それでいいんだってストンと落ち着いたの。そうしたら仕事も全部スムーズに流れて、気がついたら早く終わってたの。困ったことも起こらなかったの」

「それはしゅごいにゃ」

「うん、これが『私を手放す』ってことなんだってわかった。ありがとう。ニャンコ先生のおかげよ」

「おお〜しゅごいのら〜」

優は嬉しそうに笑った。そしてしばらく黙った後、ちょっと真剣な表情で言った。

「ニャンコ先生、実はもうひとつ、相談したいことがあるの」

「何なのら？」

「実は私、前に付き合ってた人からこんなことを言われたことがあるの」

ニャンコ先生の耳が立った。

「お前といると『暑苦しい・うっとうしい』って」

「ほうほう～」

「違う人からこんなことも言われたわ。『バカにされているみたいだ』って」

「ほうほう～」

「『子ども扱いするな』とか」

「ほうほう～」

「『一緒にいると、ダメになる』とか」

「ほうほう～」

「『ラクだけど窮屈《きゅうくつ》』とか。ラクで窮屈って意味、わからなかったわ」

「ほうほう～」

「黙って私の前から消えていった人もいたわ。フェード・アウトって感じかしら。私の前からいわゆる『まともな』男の人はみんないなくなっちゃうのよ。それで、いつも残るのは、どうしようもなく手がかかるダメ男ばっかり」

「まともな男がいなくなって、ダメ男、残る。これは相当な悩みなのら」

「そうなのよ。私の本当の悩みはこれなの。ニャンコ先生、私を助けてくれる？」

「もちろんなのら。吾輩、こう見えてもご飯の恩《おん》は忘れないぞよ」

「ありがとう」

「ユウは昨日、とっても大きなことを気づいたのら」

「そうね、お仕事ではね」

「お仕事も、お付き合いも同じなのら」

「えっ？　同じ？　私はそう思えないけど……」

「うんにゃ。同じなのら。気づかないうちに同じことを繰り返してしまうにゃ。それが人間というものなのら」

「ニャンコ先生、そうは言っても、私はよくわからないわ。教えてくれる？」

「それじゃ、ちょっと整理をしてみるのら」

「整理？」

「しょう、整理なのら。おみゃさんがお仕事で気づいたことをもう一度思い出してみるのら」

「そうね〜、私がみんなを信じてないから、手を出しすぎてしまって、みんながひとりでできなくなっちゃって……私も大変……ってことかしらね」

「しょうなのら。同じことをお付き合いする男の人にあてはめて考えてみるのら」

「同じことを、あてはめてみる……えっと……相手の人を信用していないから、手を出しすぎてしまって、相手の人が一人でできなくなっちゃって……えっ？　まさか……」

「しょうなのら」

「わ……私が……原因だったっていうの……？」

「しょうなのら。つらいけど、原因はユウ自身にあったのら」

「私が……」

「『ラクだけど窮屈』の意味、わかるかにゃ？」

「えっと……そう……一緒に居ると、いろいろやってくれるから『ラク』だけど、口出しや手出しが多くって自分のやりたいようにやらせてもらえないから『窮屈』ってこと……かな？」

「ピンポーン、正解じゃ。それじゃ、『暑苦しい、うっとうしい』の意味は？」

「好きなようにさせてもらえないで、ああだ、こうだ、といろいろ言われたりされたりするのが『暑苦しかった・うっとうしかった』ってこと……かな」

「ピンポーン」

「そんな……ひどいわ。私はその人にとっていいと思ってやっていたのに……」

「残念ながら相手はそう感じていなかったのら」

「ニャンコ先生、じゃあ『バカにされているみたいだ』とか『子ども扱いするな』って、ホントにそう感じてたってこと？」

「しょう。ユウは気づかないうちに、相手にそう感じさせることを、言ったり、したりしていたのら」

「じゃあ、『一緒にいると、ダメになる』ってホントに思ったのね」

「ユウと一緒にいるとダメになるのら。それを言った男の人、なかなかなのら」

「ううう……それで『まともな人』はみんないなくなったのね。だから、『まとも』じゃない『ダメ男』しか残らないってことになるのね」

「しょうなのら」

「あ～私の人生最悪だわ。私は幸せにはなれない……」

優は大輝のことを思い出した。

「大輝……今付き合ってる人だけど……」

「ほうほう～」

「まず、仕事してないし、お金がなくなると、ウチに来るの」

「ほうほう～、それでユウはどうしてるのら？」

「しょうがないから、ちょっとお金をあげて、ご飯を食べさせてあげて……」

「ユウはとっても親切なのら。ダイキはダメ男なのら」

「違うのよ。大輝は前の仕事で腰を痛めて力仕事ができなかったりとか、職安行ったけど自分に合ったものがないって……」

「ユウはどう感じるのら？」

「最初はホントにそうだと思ってたんだけど……。今ではいい訳ばっかり言って、働く気がないのかなって……」

「他には？」

「私、いいように利用されてるのかも……」

「他には？」

「こんな関係続けてる私、ホントにダメだなって……」

「じゃあ、早くお別れすればいいのら」

「でも、私がいなくなると、ホントにダメになっちゃうのよ。私がいることで、ギリギリ生きてるのよ。そんな人、私は放っておけないわ」

「ほうほう〜」

「最近、もう私のことなんかいい、って思うようになっちゃったわ。私はどうなってもいいから、大輝だけは、何とか幸せになって欲しいって……」

「ほら、また出たのら」

「あっ」

「ユウがいま言ったことの意味、わかるかにゃ？」

「わからないわ」

「ユウがいま言ったことのホントの意味は『私はダメな人』ということなのら」

「私はダメな人？」

「しょう。『私はダメな人』だから、せめて私の代わりにダイキだけでも『幸せな人』になって欲しい、という意味なのら。ユウは悲劇のヒロインになって、自分に酔っているんじゃ」

そ……そんな……！

「ユウは自分を大切にしていないのら。私はダメな人、というメッセージを自分で自分に出しているのら。人は思った通りの人になるのら。自分の人生のシナリオを書いているのは自分なのら。**人生は自分が深いところで『私はこうだ』と思っているとおりになっていく**のら」

「ううう……ニャンコ先生、じゃあ、どうすればいいの？」

「ユウがお仕事でしたことと同じなのら」

「同じ？」

「しょう、**相手を信じて、おまかせする**、ということじゃ」

「おまかせする……うん……なるほど、わかった」

「自分を大切にしなければ、ホントの意味で相手を幸せにすることはできないのら」

「ホントの意味って、どういうこと？」

「犠牲の上に成り立つ幸せなんて、ホントの幸せではないんじゃ。しょんなこと、ネコの吾輩でも知っているのら」

ニャンコ先生がそこまで話したとき、
ブルルッー！　ブルルッー！

テーブルの上の優の携帯がバイブレーションと共に鳴り出した。優は携帯を取った。

「うん……そう。わかった」

優は言葉少なくそう言うと、携帯を切ってニャンコ先生を見た。

「ニャンコ先生、大輝が来る。来るわ」

「ほうほう、にゃんといいタイミングなのら」

「どうしよう、ニャンコ先生、私どうしたらいいのかしら？」

「ユウがお仕事でしたことと同じなのら」

「相手を信じて、まかせる……でも、私自信ないわ」

「大丈夫、吾輩があそこで見守っているのら。ユウがもし変なこと言ったら、吾輩、合図するのら」

ニャンコ先生はピョンと冷蔵庫の上に乗った。

「わかったわ。ニャンコ先生。がんばってみる」

ピンポーン

玄関チャイムが鳴った。

5

優がドアを開けると、大輝が立っていた。

「ごめんな〜、突然、来ちゃって……」

「いいのよ、まあ、上がって」

靴を脱いで部屋の中に大輝が入ってきた。

大輝はテーブルの上のおわんを見た。

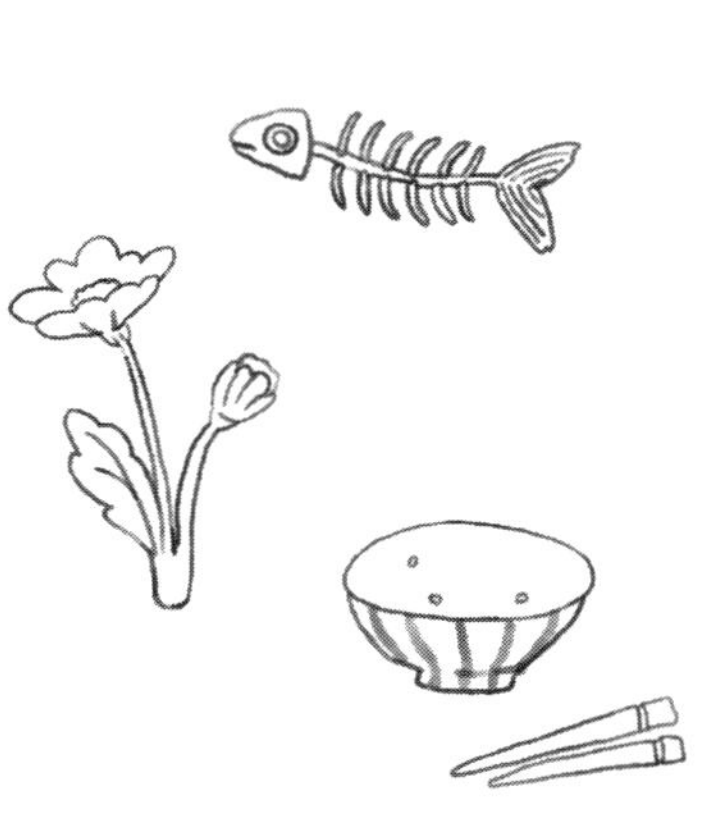

「何これ？　誰かいたの？」

「違うわよ。ネコがいるのよ。それはニャンコ先生のご飯よ」

大輝は部屋の中をキョロキョロと見回すと、冷蔵庫の上のネコと目が合った。

おッ。あれか……

その瞬間、ネコがニッと笑った。いや、大輝には笑ったように見えた。

うっ……気味悪いネコだ。おまけに超ブサイクだし。

「何か、変なネコだな」

「そんなことないわよ。かわいいわよ」

優はそう言うと、ポットからお湯を注いでお茶を淹《い》れた。大輝はおもむろに話し出した。

「いや〜今日、駅前のパチンコ屋でちょっとがんばったんだけどな〜」

優は大輝を見た。

「いや、今日は調子よくってさ、五万くらい勝ったんだよ。それで、優にもっと喜んでもらおうと思ってさ、勝負にいったらさ……結局負けちゃった。見せたかったよ。五万だぜ。五万」

「そう〜」

優がニャンコ先生を見ると、知らん振りして前足を舐《な》めている。

「それで？」

「うん、それで、ちょっとお金がなくなっちゃってさ……」

「そうなの、お金ないのね。それは困ったわね」

「そうなんだよ。困っちゃってさ。実はさ、来週、携帯の引き落としなんだよ」

「そうね、それは困ったわね。それ、いくらなの？」

と、優が反射的に答えた瞬間、

〝ガタン！〟

冷蔵庫の上に置いてあったビスケットの缶が落ちた。

優がハッとしてニャンコ先生を見ると、ニャンコ先生は両前足で頭を抱えて身体をよじってアピールしている。

優はハッと気づいた。

私、気づかないうちに、大輝の携帯料金、払おうと思ってた……。

「うん、今月はちょっと多くってさ。いや、求人とかも探してたし。二万ってとこかな」

「そう、二万、大変ね」

優はさっきニャンコ先生と約束したことを思い出した。

『相手を信じて、まかせる』

優は一度目をつぶって大きく深呼吸してから、思い切って言った。

「でも、それぐらいだったら……大輝なら何とかできるんじゃない？」

「えっ？」

大輝はびっくりして、優をまじまじと見つめた。

優は勇気を持って話を続けた。

「私、思ったの。私が大輝のことを信頼しなくちゃいけなかったのに、そうしてなかったんだってこと」

「えっ？　ごめん。よくわかんないんだけど……」

「私、大輝のこと信じてなかった。ごめん。大丈夫、大輝ならそのくらいのお金、自分で何とかできると思う」

「あっ……いや……でも……来週……」

「大輝はやればできる人よ。短期のバイトでも派遣でも、大輝ならその気になったら何でもできるわ。今まではちょっと調子が悪かっただけなのよ」

「えっと……」

ニャンコ先生が腕組みをしてウンウンとうなずいているのが見えた。

「大輝、私、あなたのこと、信じてるから。私、大輝を信じてもう余計な手出しや援助は一切しないから」

「あ……ああ……」

大輝は力なく返事をすると、テーブルの上のお茶を一口飲んで言った。

「じ……じゃあ、俺、行くわ……」

優は、玄関で靴を履《は》いている大輝に言った。

「がんばってね、大輝。あなたならきっとできるわ」

「あ、ああ……」

大輝は背中を向けたまま部屋から出て行った。

ドアを閉めると、優はヘナヘナとその場に座り込んだ。

ニャンコ先生が冷蔵庫の上から降りてきた。

「あれでよかったのかな」

「一〇〇点なのら。完璧なのら。さすがユウなのら。あれで自分で何とかしなかったら、ダイキ、ホントのダメ男なのら」

「大輝はどうかしら。携帯料金、払えなくって困ってないかしら？」

「そりゃ、困るのら。でも、困ってもいいのら。他人に頼らずに自分で何とかすることが大輝には必要なのら」

「うん、そうね。これから、どうなっちゃうのかな……私たち」

「わからないのら。それがおまかせするということなのら。**もっといい関係になるか、これでおしまいになるのかは神さまにおまかせ**なのら」

「そうね、うん、神さまにおまかせする」

はあ〜っ、すう〜……

優は大きく深呼吸した。

「ちょっと疲れたけど、なんだかとってもすっきりしたわ。今までは窮屈な鎖《くさり》に縛《しば》られてたって感じだったけれど、それが外れて自由になった感じ。私、いま、自分の足で立ってる気がする。これが自分の人生を生きるってことなのね」

「**自分を大切に扱うと魂が喜ぶ**のら。すっきりするのら。絶対にこっちの方がいいのら」

「大輝はどうなるのかな？」

「ダイキがユウの信頼にこたえて、自分で自分を何とかするって男になれば、二人にうまくいくのら。でも、そうじゃなくって、今までどおり誰かにもたれかかって生きていこうとする男から変わらなければ、また前のユウみたいな女の人を見つけて、くっついていくのら」

「前の私みたいな女の人……」

「そうなのら。今のユウなら、『まともな男の人』とお付き合いしても絶対にうまくいくのら。今のユウとお付き合いする人、幸せ者なのら」

「ありがとう、ニャンコ先生」

6

「ニャンコ先生、私、いまなら他人を喜ばせるんじゃなくって、自分を喜ばせることができる気がする」

「おお、それは素晴らしいのら。じゃあここでちょっとお手伝いなのら」

「お手伝いしてくれるの？　ありがとう、嬉しい」

「ユウは壁を超えて、自分を信頼することができるようになったのら。次はホントにしたいことを見つけるにゃ」

「本当にしたいこと？」

「そう、今までのユウは、自分がホントにしたいことを感じないように、フタをして生きてきたのら。次は自分がホントにしたいことを見つけて、それを生きるのじゃ」

「本当にしたいことを見つけて、それを、生きる……」

優の心の深いところ、そう、魂とでも呼ぶんだろうか、胸の奥がジンジンと震えた。

「今から吾輩が言う文を完成させてみるのら」

「文……うん」

「私は私を愛している。だから●●しよう。この●●のところを自由に、そして思いつく限りたくさん、いっぱい完成させてみるのら」

「私は私を愛している……うん、わかった」

「まずは目をつぶって自分の中にこの言葉を投げかけてみるのじゃ。すると自分の中から自然にいろんな答えが返ってくるのら」

「うん、わかった」

優は目をつぶって自分の胸に手を当てた。

「私は私を愛している……私は私を愛している……」

胸の真ん中から、それに応えるようにじわじわジンジンと何かが流れ出した。

それは言葉にならないエネルギーの流れで、優の身体に静かに染み込んでいった。

そう、いま、私は私を愛している……

「私は私を愛している……私は私を愛している……」

不意に、そう、すっかり忘れていた懐かしい感じが胸の奥で渦巻《うずま》き始めた。

「私は私を愛している……私は私を愛している……」

子どもの頃、そう、私が子どもだった頃、まだ弟や妹が生まれる前、お父さんとお母さんがニコニコ笑っていた、あの頃……

「私は私を愛している……私は私を愛している……」

この感じ……子どもの頃に戻ったみたい。心配も後悔も何もなかった、あの頃。

「私は私を愛している……私は私を愛している……」

胸がすうっと開いた。そうだ、私は楽しんでいいんだ。喜んでいいんだ。遊んでいいんだ。

「私は私を愛している……私は私を愛している……」

ふざけてもいいんだ。わがまま言ってもいいんだ。子どもでもいいんだ。

「私は私を愛している……私は私を愛している……」

私は**自分のことを一番に考えていい、私は失敗してもいい、間違ってもいい。**

そう、私は私。私は誰かを喜ばさなくてもいい、そのままで愛される価値があるんだ。

「私は私を愛している……私は私を愛している……」

突然、優の目の前に突き抜けるような青空が広がった。

うわっ、大きい……広い！

バサッ！　優の背中に音をたてて、またあの力強い光り輝く純白の翼が現れた。

うわ〜っ
バサッバサッ
身体が浮き上がる。グングンと大空に舞い上がっていく。

そう、私は鳥。どこにでも行ける。

真っ白な翼に風が当たる。風の中を自由に舞い踊る。

気持ちいい、なんて気持ちいいんだろう。

翼をたたんで急降下、目の前に大海原《おおうなばら》が見える。ああ、海面がどんどん近づいてくる。

えいっ、翼と胸を大きく広げ、ガクンと自分の体重と重力を受け止めると、今度は翼を大きく羽ばたいてグングンと上昇していく。

シュバ〜ッ
ざざざ〜っ
風を切る音、突き抜けていく空気。

私は自由だ、自由そのものだ。

そう、私は私を愛している。だから私がやりたいこと、何をやってもいいんだ。私は何でもできるんだ！

わああああっ〜

私は自由だ!! なんて気持ちがいいんだろう!!

優は目を開けた。そして言った。

「私は私を愛している……だから、自由に生きる」

「ほうほう」

「私は私を愛している……だから、他人の人生じゃなく、私の人生を生きる」

「ほうほう」

「私は私を愛している……だから、私は私を一番大事にする」

「ほうほう」

「私は私を愛している……だから、私を生きる」

優はニャンコ先生を抱きしめた。

「ありがとう、ニャンコ先生。私は私を生きるわ。ありがとう」

7

あれから三ケ月たった。

ニャンコ先生は一週間ほど優のアパートにいたが、あるいい天気の朝言った。

「ユウ、とってもお世話になったのら。そろそろ吾輩は次の冒険の旅に出発なのら」

「うん、ありがとうね、ニャンコ先生」

「ユウ、**『どうしていいか』わからなくなったときは、『どうしたいか』って自分に訊く**のら。すると自分の中から自然に答えが返ってくるのら。**答えは全部自分の中にある**のら」

「うん、わかった。そうするわ」

「ユウに何かあったら、吾輩、飛んでくるのら。では、さらばじゃ！」

と窓から飛び出していった。

大輝は……そう、大輝からはあれから一度も連絡がない。

悲しいけど、そういうことだったのね。

優の胸の奥がちょっとうずいた。

「私は、私を生きる」
犠牲の上に成り立つ幸せなんてない。
自分が幸せになってこそ、初めて誰かを幸せにすることができる。
誰かを幸せにする前に、自分が幸せになる。
私は、自分を幸せにする。
いいえ、するんじゃない、なるの。

そう、私が私を生きているとき、私は幸せになる。
だから、いま、この瞬間、私は私を生きる。
私が私を生きている限り、ずっと私は幸せだ。

「ニャンコ先生、ありがとう。今度ウチに来たら、ご馳走《ちそう》いっぱい作ってあげるからね」
優は颯爽《さっそう》と立ち上がった。

第4章

キラキラ

「喜び」を学べ

玲

金融アナリスト　28歳　都心のタワーマンション　一人暮らし

1

すこし暖かくなった風が、玲《れい》の黒い上質なビジネス・スカートの裾《すそ》を静かに揺らす。
はあ〜、今日も一日、終わった。
でも、何かしら、この感覚……
今日も利益をいっぱい上げたし、エリアマネージャーからすごく褒《ほ》められたし……
いいこといっぱいあったけど、でも、何か足りない……何だろう？
玲は考えたが、よくわからなかったのですぐにやめた。
玲が最初にそのネコを見たのは、自宅マンションの前だった。
こんなところにネコ？

玲には、エントランス前の植え込みにネコが座っている理由が思いつかなかった。
このマンションの誰かがエサを与えている？
だから居ついてしまった？
ネコの周囲を見回したが、それらしい痕跡《こんせき》も残っていなかった。
……そもそもこのマンションにネコにエサを与える人間なんて住んでいそうもない。
自分の住んでいるマンションを見上げた。玲のショートヘアが風になびく。
ここは都心の一等地にある超高級インテリジェントマンション。
玲は会社からの借り上げで住んでいるが、購入したら相当な金額になるはずだ。
玲は自分にとって必要のないことなので、ネコのことはすぐに忘れた。
しかしネコは翌日も、翌々日も、決まって玲の会社帰りの時間に姿を現した。
ネコは玲と目を合わすと、意味ありげにニヤリと笑うのだった。
ネコが笑う？
一週間後、ついに玲はネコに向かって言葉を発した。
「ネコくん、君はどうしていつもそこにいるの？」
ネコは意味ありげにニヤッと笑うと、
「やっと、吾輩《わがはい》と話す気になったかの」

⁇⁇

なに？　今の声？

玲は周囲をキョロキョロと見渡したが、誰もいない。

「吾輩は、おみゃさんの目の前にいるのら」

玲は目の前にいるネコに視線を落とした。

「き……君なの？　君が話してるの？」

「そうなのら。吾輩が話してるのら」

こんなこと……いったいどういうこと？　ネコが話す……？

「しょうなのら。世の中には、説明できない不思議なことが、ときどき、起こるのら」

これは現実？

どう理解する？

ネコが私に話しかけている。ネコが！　しかも日本語で。

いいえ、確かにしっかり言葉が聞こえた。おかしい……こんなことは科学で証明不可能。第一、ネコの脳では人間の言語を理解できるはずがないし、ネコの声帯構造では言語を発声できないはず……。

「吾輩、おなかが減ったのら。何か食べさせてほしいのら」

ま、またしゃべった……。

えっ、私が……このネコに……？　エサをあげる理由が私にある？　飼ってるわけでもないのに。

「ネコと話をするの、面白いぞよ。興味深いのら。吾輩と話した人間、そんなにいないのら。とっても貴重な体験なのら」

ネコはすらすらと自分をアピールした。

そうね。確かにそうだわ。貴重事例として、これから何かの役に立つかもしれない。

「了解したわ。ネコくん。私のお部屋に連れて行ってあげる」

玲は肩に掛けている黒い大きなビジネスバッグの中から、今朝のニューヨークタイムズ紙を取り出した。

「ここに乗って」

ネコの前に広げた。

「おうおう、吾輩は汚れ物扱いなのら」

「スーツが汚れると後で面倒なのよ。文句言わないで乗って」

ネコが新聞紙の上に座ると、玲は新聞ごとネコを抱《かか》え、マンションエントランスのロックをはずして中に入った。

2

エレベーターで二三階まであがると、玲はネコを抱いたままオートロックをはずし、自分の部屋に入った。

ネコをバスルームに連れて行くと、スーツの上着を脱いでワイシャツの袖をまくった。

次の瞬間、シャワーから出た温かいお湯がネコを襲《おそ》った。

「おう〜っ、強烈なのら」

玲はネコが騒《さわ》ぐのもお構いなしにネコにお湯をかけ、ブラシでゴシゴシ洗った。一五分後にはネコはふさふさの毛の塊になっていた。

「終了。これで室内歩行を許可するわ」

玲はネコを居間に放した。

ネコが心地よさそうにゆっくりとフローリングの上を歩むたびに、爪がカチッカチッと音を立てる。

「ネコくん、ちょっと待機。私も夕食を作るから」

玲はスーツから部屋着に着替え、キッチンの壁《かべ》と一体になっているビルトイン型冷蔵庫から冷凍食品を取り出して電子レンジに入れた。

チーン！

ホカホカの夕食ができ上がった。近所のスーパーで買ってきた温野菜弁当だ。カップにお湯を注ぐとコーンポタージュができた。

「はい、どうぞ」

玲は電子レンジで温めたご飯にカツオブシをかけ、ネコの前に差し出した。

「おお～、吾輩の好物をよく知っておるのら～」

「ネコマンマぐらい知ってるわよ。昔、ネコ飼ってたんだもの」

玲は小学生の頃に飼っていたネコをちょっと思い出した。なぜか胸の奥がズキッとうずいた。

「で、ネコくん、これはどういうことなの？　何で君は人間の言語を話すことができるの？」

「それは吾輩でもわからないのら。気づいたら、話してたのら」

「気づいたら……。それは何歳くらいのとき？」

「う～ん、一歳前だったかの？　物心ついたときからなのら」

「それじゃ、君の両親や祖先はどうなの？　これは君の家系に受け継がれている能力なのかしら？」

「おお〜そうなのら。ええっと、おみゃさん、にゃまえは何と言うのら？」

にゃまえ？　ああ、名前のことね。

「私の名前は玲。苗字は構わないわよね。特に必要ないから」

「うん、構わにゃい。吾輩の能力は先祖代々受け継がれているのら。わが一族はみんな人間とお話ができるのら」

「研究所に連れて行ったら大変な研究材料になるわね。ものすごい論文対象になるわ。脳や認知機能、声帯を解剖すれば大発見になりそう」

「うう、それは勘弁してくれなのら。吾輩の魂は自由を求めてるのら」

「冗談よ、ネコくん。じゃあ、訊《き》くけど、あなたはどうしていつも私の前に現れたの？」

「おお〜、さすが察しがいいのら」

「で、どうして？　理由を聞かせて」

「それは簡単じゃ。おみゃさんが幸せでないから、吾輩がやってきたのら」

「私が幸せでない？」

「レイからは幸せの光が見えないのら」

「幸せの光？　理解不能よ。私は幸せよ。ネコのあなたは理解できないかもしれないけど、ここは普通の人では住むことができないところなのよ。見て、この景色」

玲は窓から見下ろす都会の夜景を見渡した。

ネコは玲の視線を追って、眼下に広がる光のシャンデリアを眺めた。

「ここは会社の所有なの。私がここに住んでいるということは、私が会社の役に立つ能力を持っている証拠」

「でも、レイは幸せではないのら」

「ネコくん、もしかすると、私にからんでいるの？」

「違うにゃ、レイ。素直に自分の心に訊いてみるのら。私って、今、ホントに幸せを感じてる？　って」

「その質問も理解不能よ。そんなこと自分に訊くまでもないじゃない。考えれば済むことよ」

「玲、違うのら。『考える』のではない、『感じる』のら」

「感じる？」

感じる……感じる……感じる？　なにそれ。

「そんなこと考えたって無意味よ」

「じゃあ、玲、吾輩が玲に質問してみるのら。いいかの？」

「了解」

「玲はこの景色を見るとき、いつも何を思う？」

ネコが眼下の夜景に目をやった。玲は同じように夜景に視線を流した。

「あそこに見えるのは東京スカイツリー、あっちが東京タワー。やっぱりスカイツリーの方が高いわ」

「ほうほう〜他には？」

「そうね、六本木ヒルズが見えないのは、あのビルの陰になってるから」

玲は斜め左の視界をさえぎっているビルを指差した。

「ほうほう〜他には？」

「夜なのに、こんなに明るい。やっぱり東京は電力使ってる」

「ほうほう〜他には？」

「昼と夜は見える景色が違う。太陽の角度や季節によって見え方が違う」

「ほうほう〜他には？」

「あれが都庁で、その向こうに見える山の影は山梨県の八ヶ岳あたりかな」

「ほうほう〜他には？」

「それぐらいね。あとはあまり考えたことがないわ」

「ほうほう〜今、レイが言ったことは、とってもわかりやすいのら」

「何がわかりやすいの？」

「レイは、この景色がきれいと感じてないのら」

「えっ？　きれい？」

「そうなのら。こんなきれいな景色を見ても、ちっとも『きれい』って、感じないのら。**レイの言葉の中には、感情がない**のら」

「感情？」

「そうなのら。感情なのら。気持ちを表す言葉なのら。レイの言葉には『きれい』とか『すごい』『ステキ』『かわいい』『美しい』『すばらしい』といった気持ちを表す言葉がイッコも入っていないのら」

確かにそういうの、ひとつもなかった。そういえば『きれい』って思ったこと、一度もなかった……。キレイ、キレイってどういう意味？　玲はキレイがわからなかったが、それ以上考えるのをやめた。

「そうなのら。レイは感じないのら。『キレイ』なモノを見ても『キレイ』と感じないのら」

「ネコくん、確かに君の言った通りかもしれないけど、何かそれで問題あるかしら？」

「問題、おおありなのら」

3

「どこに問題があるというのかしら。私は一生懸命働いたおかげでこんないいところに住むこともできるし、収入だって同年代の人たちよりはあるほうだし、会社でもそれなりの役割で責任を持って仕事をさせてもらっているし。私は他の人たちよりもうまくいっていると思うわ」

「確かにうまくいってるのら」

「そうでしょ」

「でも、レイ、おみゃさんが今言ったもの、じぇ〜んぶ、自分の外にあるものなのら」

「自分の、外？」

「そうなのら。自分の外側のモノなのら。自分の外側のものは、いずれなくなるのら。諸行無常なのら。**幸福の光は、自分の内側から輝き出すもの**なのら」

「諸行無常？　自分の内側？　意味不明よ」

「おみゃさんは最近、**心の中から湧き出すような気持ちを感じたことがあるかにゃ？**」

「湧き出す？」

玲は最近の自分を振り返ってみたが、何も感じなかった。そもそも湧き出すってどういうことか玲には理解できなかった。

「そういうの、理解できないわ」

玲はひたすら淡々と効率的に仕事をこなすことに自分の神経を集中してきた。競争の激しい外資系の金融会社では感情は効率を下げることだったし、なにしろそんなことを感じている暇もなかったのだ。ひたすら効率的に最高の利益を求めて動き続ける。私はマシーン。それが玲に求められていることなのだ。

「確かに、お仕事ではそうだったかもしれにゃい。けんど、レイはその他の時間もじぇ〜んぶ、考えて効率化ばっかりなのら」

「効率化のどこがよくないのかしら？」

「レイの毎日は白黒なのら。レイの絵には色が全然ついていないにゃ」

「白黒……」

「心で感じることができなければ、人生はとっても味気ない、つまらないものになってしまうのら。ぜんぜん面白くない。レイの人生はつまらないのら」

「私の人生がつまらない？」

確かに面白くはないかもしれない。たくさんの収入や高額で質の高いモノたちには囲まれているけど。でもそもそも人生って、そういうものでしょ。

「レイは、このいろんなモノたちをず〜っと持ち続けること、簡単かにゃ？」

「いえ、そんなことないわ。結構大変よ」

玲は、常に成果を出し続けなければこの生活が維持できないことを知っているし、そうじゃなくなって玲の前から消えていった人たちもたくさん見てきた。

「より大きな苦労をしなければ所有し続けられないモノを、わざわざ大変な苦労をして手に入れ、持ち続けようとする者の人生くらい、単に短いのみならず、最も惨めなものはないのら」

「言うわね」

「これはシェネカという、す〜ごく昔の人間が言ったことなのら」

シェネカ……ああ、セネカのことか、ストア派の。しかし博学な猫ね。

玲は大学の哲学の講義を急に思い出すとともに、自分が哲学科卒であることを思い出した。

「知ってる。それは大学で習ったわ」

「うんにゃ、違うのら。知っていることと、それを活かすことは違うのじゃ。知識と智恵は違うのら。レイのは知識ぞよ。もう一度訊く、レイ、おみゃさんは幸せか？」

「当たり前じゃない。何度も言うけど幸せよ。どう考えても幸せよ。私に必要なお金、住居、家具、生活必需品は全部そろってるわ」

「**幸せは考えるものじゃないのら。感じるもの**なのら。感じなければ、幸せにはなれないのら」

「……理解不能よ」

「レイ、おみゃさんは学ぶことが必要じゃ」

「学ぶ？　私が？　何を？」

「『喜び』ら」

「『喜び』？」

「**喜びは魂の声**なのら。幸せの感情なのら。どんなことをしているとき、自分の深いところが喜ぶのか、『嬉しい！』って叫ぶのか、自分で探ることが必要なのら」

玲の心の深いところの何かが小さく反応した。

「じゃあ、ネコくん、自分で探るにはどういう方法があるのかしら？　教えてくれない？」

「いま、この瞬間から、だんだんと過去に向かって、自分の気持ちを振り返ってみるのら」

「振り返る……」

「自分の気持ちが大きく動いたときのことを思い出してみるのら。それが、いつ、どんなことで、どんなふうに感じたのか、紙に書き出してみるのら。そして、そのときに感じた感情の大きさを数字で表してみるのら。最大を一〇として書いてみるのら」

「なるほど、理解したわ」

玲は書棚から白紙のＡ４用紙とボールペンを取り出すと、デスクに座りなおした。

玲の宿題

1

自分の感情が動いたときのことを振り返って、できるだけたくさん思い出してみる

4

「終わったわ。ネコくん」

「ほうほう～、いっぱい時間をかけたのら」

ネコはダークブルーのビーズクッションから立ち上がると、フローリングの上を爪を鳴らしながら歩いてきた。

「読んでほしいのら。吾輩、字は読めないのら」

「了解」

玲は自分の書いたメモに目をやった。

今日――アメリカ議会がウクライナへの追加予算を認められない状態が続き、株価が下落したが、ＦＲＢが米国債金利を低いまま維持する方向との報道でまた上がった。小額だが、欠損を発生させた。後でリカバリーしたが、あせった。……不安と安堵《あんど》……4
昨日――仕事で大きな利益を上げた……嬉しいよりもほっとした感じ……2

先週金曜日——日銀の金利政策が変わるうわさが市場に流れ、株価乱高下……不安……3
先月18日——アメリカの労働者雇用者数が予想を下回って株価下落……不安……5

玲は淡々と時間をさかのぼっていった。

「ストップにゃ」

「なに？」

「レイが感じた感情は『不安』と『安堵』ばっかりなのら。『うれしい』『たのしい』を感じたのはどのくらい前なのじゃ？」

あ、確かに。最近の気持ちは『不安』とか『焦り』とか『ほっとした』とか『安堵』ばっかりだ。

『うれしい』『たのしい』……パラパラと記憶のページを過去にさかのぼる。

ない、ないわ、一個もない……

「ない……ないわ」

「それから、レイはお仕事のことばかりなのら。お仕事してないときは何してるのら？」

「もちろん、休んでるわ。でも経済は生き物なの。だから常に気を抜かずにウオッチしてなきゃならないの」

「大変なのら～。それからこれには最近のことしか書いていないのら。昔のことが一つもないのら。子どもの頃のことが全然ないのら。子どもの頃には感じることいっぱいあったのら。思い出してみるのら」

子どもの頃……

玲は子どもの頃の記憶を辿《たど》ったが、ほとんど何も出てこなかった。

「何もない、何も出てこないわ。でもそれが普通じゃないの。子どもの頃なんてみんな忘れてるわよ」

「そんなことない。楽しかったこと、悲しかったこと、みんな思い出あるのら。吾輩だって子猫の頃の思い出あるのら」

思い出……

もう一度振りかえってみたが、思い出なんてなかった。ただ何かとてつもない厚い壁が玲の行く手を阻んでいた。

「思い出せない……」

胃のあたりが気持ち悪くなってきた。

「ちょっと待って、ムカムカしてきた。胃薬取ってくる」

玲が立ち上がった。

「ちょっと待つのら。それは身体《からだ》のお返事にゃ」

「身体の？」

「身体は頭より正直なのら。頭はすぐにウソをつくのら。それが『感じる』ということなのら」

これが……感じるということ……

「そのムカムカに訊いてみるのら。あなたは何って。何が伝えたいの？って」

「了解、訊いてみる」

玲はお腹のあたりに渦巻いている『感じ』に意識を合わせ、訊いてみた。

あなたは何？　何が伝えたいの？

瞬間、誰かが耳元でささやいた。

ダメ、思い出しちゃダメ
え？　なに？

忘れるの、全部忘れるの
頭がズキズキしてきた。

「うっ、頭痛い」

「ストップじゃ」

「え？」

「今日はもういいのら。それが答えなのら。今日はこれ以上そこに踏み込んではいけないという声なのら」

「踏み込んではいけない……」

「今日はもう寝るにゃ。お休みなのら。続きは明日でいいのら」

「了解……」

「それからレイ、その了解って言い方やめるのら」

「……その理由は？」

「なんだか機械と話してるみたいなのら。人間らしくないにゃ」

「……了解……」

「ほら、また言った」

「あ……ええっと……わかった……かな」

「しょう」

「わかった……じゃあ、寝ましょう」

「おやすみ、なのら」

5

「ただいま、ネコくん」

「お帰りなのら」

「ちょっと待っててね。今ご飯作ってくるから。今日はキャットフード買ってきたから」

玲は台所で缶詰を開け、お皿に盛った。

「おお、ありがとうなのら。ごちそうなのら。でも昨日のカツオブシのネコマンマも美味しかったにゃ」

「ダメよ。調べたらネコマンマは炭水化物と塩分の過剰、タンパク質不足・タウリン欠乏症になるし、ネギ類には硫黄化合物が含まれているから貧血になる可能性があるの」

「おお、知らなかったのら。ではいただきますなのら」

「私も食べるわ」

玲は昨日と同じ温野菜弁当を口にした。

「昨日と同じなのら」

「ええ、そうよ。これで十分カロリーは摂取できているし、タンパク質やミネラルはサプリで補給すればいいから」

「でも毎日同じだと、つまんないのら」

「身体に入れれば全て栄養素に還元されるんだから、味は関係ないわ」

「レイは食べる楽しみを知らないのら」

「食べることは楽しみじゃないわ。単に身体が動くように栄養を補給するということに過ぎないわ」

「**食べることも、感じるということ**なのら」

「食べるが、感じる？」

「しょう、感じながら食べる。感じて食べる」

「感じて……食べる。わからないわ」

「レイはぜんぜん感じることができてないのら。身体とお話、できてないのら」

玲は眠剤を飲まないと眠れないことを思い出した。

身体はいつもバキバキに凝っていて、毎週土曜日の午後にストレッチと整体に行っていた。

先生からはいつも「毎週毎週、ものすごく凝ってますね。普段から深呼吸をしたりリラックスをする習慣をつけていきましょう」と言われていたことを思い出した。

玲は生きていれば身体を使うのは当たり前だし、そのために身体が痛むのも当たり前だし、だからこそメンテナンスをしていればいいのだと思っていた。

身体は物質だから機械のようにメンテナンスをきちんとしていれば長持ちする、そんな感覚だった。

「うん、じゃあやってみるわ。方法と手順は？」

「まずは、場を整えるのじゃ」

「場を整える？」

「お食事以外のものは、机からかたづけるのら」

玲は机の上の新聞やスマホをかたづけた。

「お箸をまっすぐに整えるのら」

玲は箸置きを持ってきて温野菜弁当の前に箸をまっすぐにして真横に置いた。そしてその皿の中心線の真横になるようにコーンポタージュのカップを並べた。なんだかすっきりする。

「これでいいかしら」

「深呼吸をして、こころのざわざわを静めながら、じっくり目の前のお食事を見てみるのら」

深呼吸……すぅ～はあ～すぅ～はあ～

……ニンジン、じゃがいも、ブロッコリー……

キレイでつやつやとしたオレンジ色のニンジンと、濃い緑色のブロッコリーの色合いが何とも言えない。その間に挟まっているクリーム色のやわらかそうなじゃがいも。温野菜たちの上にパラパラと乗っかっているごま。

「匂いを嗅いでみるのら」

玲は温野菜から目をそらさずに、鼻を近づけた。

温かな湯気と共に、野菜の甘い香りとスパイシーな胡椒《こしょう》の香りが玲の鼻腔《びこう》から流れ込んできた。その瞬間、口の中にじわっと唾液が出てきた。

「頬、のど、おなか……いまからお食事が通っていくところを触ってみるのら」

ここ……いまからこの野菜たちがここを通っていく……玲は順番に手を当てた。手を当てた場所が、応えるように温かくなった。

「ひとくち、口に含んでみるのら。そのとき、すぐに噛《か》んで呑み込んではいかんぞなもし。口に入ったお野菜の柔らかさ、でこぼこ、ざらざら、弾力や食感を感じ取るのら」

玲はニンジンを口に入れ、感じてみた。ほんのり柔らかい……でも真ん中の方はしっかりしている。ああ、噛みたい、噛んで食感を味わいたい。

「まだ噛んではダメなのら。舌の上で転がして、味の変化、口の中の変化を感じるのじゃ」

どんどん唾液が出てきた。味が変わってきた、ニンジンがどんどん甘くなる。

「そろそろ噛むのら。ゆっくり噛むのら」

玲はニンジンをゆっくりと噛んだ。表面は柔らかく、奥は歯ごたえがあった。噛むたび何とも言えない感覚を抱《いだ》く。柔らかいけど、固い。噛むって、快感かも。

ああ、口の中にニンジンの甘みが広がっていく。ひとくちひとくち、噛むたびに味が変わっていく。唾液とニンジンが混ざり合ってどんどん甘く溶けていく。ああ、早く呑み込みたい。

「まだ噛むのら」

ニンジンが口の中でどろどろになっていく。もうニンジンだとは思えない。甘いスープみたい。

「ゆっくりと呑み込むのら。身体を通っていくのを感じるのら」

ごくり……口の中でドロドロに溶けたニンジンが喉を通っていく……。

喉から食道……ゆっくり下に落ちていく。ああ、いま胃に到達した……。

「おなかの声を聴いてみるのら」

玲は胃のあたりに手を当てた。胃が喜んでいるように感じた。

「嬉しいって言ってる気がする」

「レイはおなかとお話できたのら。同じように他のお野菜も味わってみるのら」

「わかった……」

玲は残りの野菜たちもゆっくりと味わって食べた。

「美味しかった。これが美味しいってことなのね。こんなに美味しかったのは初めてかも」

「これが感じて食べるということなのら。ご飯の時間になったから食べようとか、これは栄養があるから食べようとか、そういうふうに**頭で考えて食べるのではなく、お腹に訊いてみるのら。お腹が食べたいとき、食べたいと感じるものを食べさせてあげる**のら。これが腹で決めるということなのじゃ」

「腹で決める……」

「今までのレイは頭で決めてばかりだったのら。だから感じることができなくなってたのら。思考の眠りから目を覚ますのら。それが幸せの道の第一歩なのら」

「そうかもしれない」

「最後はごちそうさまなのら。自分の身体の一部になったお野菜たちへ感謝のお祈りをするのら。**野菜たちも命なのら。吾輩たちは命をいただいて生きている**のら」

「うん、わかった」

玲は両手を合わせた。

「ごちそうさまでした」

「身体が感じている感覚、感じ、これがレイのホントの声なのら」

「私のほんとうの声……」

「ドキドキ、むしゃくしゃ、息が苦しい、お腹に力が入らない、身体が縮んで硬くなる、背中や肩がバキバキする、呼吸が浅い、手足の先っぽが冷たい……みんなレイの身体の声なのら」

「身体の声……私、感じるってなんとなくわかった気がする」

「おお〜いい調子じゃ。これで少し身体とお話できるようになるのら」

「うん、私思い出した。私、無表情で変な子、何を考えているかわからないって言われてたの」

「ほうほう」

「私、おじさんとおばさんに育てられたの。母の妹。おばさんから『笑っていいよ』と言われても笑えなかった。それ、いま思い出した」

「お父しゃんとお母しゃんはどうしたのら？」

「え……？」

「お父さんとお母さん……」

瞬間、玲の耳元でまた誰かがささやいた。

私はそれを見たくない

私はそれに耐えられない

私はそれを消したい

「ううっ、頭が痛い」

思い出そうとすると、頭が……

「いいのら。まだいいのら。そのうち時期がきたらできるようになるのら」

「わかった……」

「レイ、今までレイがやってきたことは『生きること』じゃないにゃ」

「生きることじゃない？　私、生きてきたけど」

「レイがやってきたことは『生き残ること』。それは『生きること』じゃないのら」

「い……生きることじゃない」

「そうなのら。『生き残ること』は自分を守ること、社会と適応すること、そしてその中でうまく立ち回っていくことなのら。サバイバルの人生なのら。サバイバルの人生は、苦しい人生、喜びのないつまらない人生なのら」

「つまらない人生……じゃあ、ネコくん、私はどうすればいいのかしら？」

「いい方法があるにゃ」

「いい方法？」

「そう、いい方法。ワクワクリストを作るのら」

「ワクワクリスト……？」

「心が喜ぶこと、ワクワクすること、ドキドキすること、うれしい、たのしいって感じることのリストを作るのら」

「そうね……面白いかも」

玲は心の深いところがかすかに反応したことを感じた。

「やってみる」

玲の宿題
2
心がワクワクすることをリストアップする
（ワクワクリスト）

6

「終わったわ、ネコくん」
「読んでくれんかの」
「わかったわ」

・新しい靴を買う。軽くてかわいいウォーキングシューズ
・代官山のアイスクリーム屋でスペシャルストロベリークリームを食べる
・ピンクのワンピースを買う、この間銀座で見たやつ
・時間を気にしないで思いっきり寝る
・自然の中で思いっきり寝っ転がる
・読もうと思っていた本を全部読む
・本屋に行ってブラブラと本棚を見ながら、気に入った本を衝動買いする
・ポテトチップとアイスクリームを一緒に食べながら、コメディ映画を見て大笑いする

・ペン習字を習う
・ネコを飼う
・学生時代の友達と会って食事をする
・ほんとうの私を見つける

「全部で一二個ね」

玲は自分の書いたリストをしみじみと見つめた。

「レイ、書いてみた今の気持ちはどうなのら？　レイは今、何を感じてるにゃ？」

「感じる？」

「そう、感じることなのら。『今、ここで、この瞬間に』感じていることなのら」

玲は目をうっすらと閉じると、大きく息を吸い、深呼吸を数回した。

そしてゆっくりと目を開け、空中に視線を泳がせながら口を開いた。

「そうね〜何だかちょっとすっきりした……感じ」

玲はそういうと、ゆっくりと、ゆるやかに、ふぅ〜っと息を吐いた。

「このリストを書く前と今を比べると、どんな感じなのら？」

「そうね……少し軽くなった感じがするわ」

「ほうほう～何が軽くなったにょか？」

「う～ん、難しいわね。書く前までは心が……そう、濃いグレーの鉛《なまり》みたいな感じだったけど、それが少し色が明るくなって、ちょっとだけ透明になったような」

「ほうほう～、それはよかったのら」

「ええ、ネコくん、ありがとうね。ちょっと元気が出たわ。私、自分のことを全然楽しませてこなかったんだな～って気づいたわ。やっぱりネコくんの言うように、自分の心を感じてこなかったのね」

　玲はニコッと笑った。

「おお～レイ、レイは笑うととっても美人なのら～。吾輩、今、クラッときたにゃ」

「はいはい、ありがとう、ネコくん」

　確かに、今までもたくさんの人たちからそう言われたわ。でも、彼らは私の外見を見てるだけ。年齢を重ねれば外見はいつか変わる。外見は本質と無関係。

「吾輩、レイのこのリストについていくつか質問をするのら。もう一回リストを見てみるのら」

「いいわよ、ネコくん」

「レイ、改めてこのリストを読んでみて、何か感じることはにゃいかい？　リストを読んでみて、どう思ったのら？」

「そうね〜結構、ありきたりのことね。もっと何かすごいことが出てくるかと思ったけど、そうでもないのね。でも、それもいいわ」

「ほうほう〜、では次の質問なのら」

「はいはい、どうぞ」

「このリストを作るのは大変だったかの？」

「そうね、大変といえば、大変だったわ。最初の三つはすぐに出てきたんだけど、残りがね、なかなか出てこなかったのよ」

「ほうほう〜」

「でも、こうやって見てみると、なかなか出てこなかったものの方が、より深いところから出てきてるような気がするわ」

「しょうすると、一番最後が一番深いところから出てきたものなのら」

　玲はハッとしてリストに目をやった。

・ほんとうの私を見つける

リストにはそう書いてあった。

「ほんとうの私を見つける……」

「しょの話はもっと後なのら。また質問なのら」

「あっ、はいはい、どうぞ」

「このリストは、ほんとうの自分の気持ちを、きちんと、反映してるかの？」

「自分の気持ちを、きちんと、反映？」

「そうなのら。人から楽しむようにすすめられたこととか、望むように言われたことが入ってにゃ〜だろうかってことなのら」

「楽しむように言われたこと……望むように言われたこと……」

　玲はリストに目を落とした。

「最初の三つがそうだわ。その通りだわ」

・新しい靴を買う。軽くてかわいいウォーキングシューズ
・代官山のアイスクリーム屋でスペシャルストロベリークリームを食べる
・ピンクのワンピースを買う、この間銀座で見たやつ

「新しいウォーキングシューズはネットに出てたのよ。健康な身体を維持するためにはウォーキングが一番いいって」

「ほうほう〜」

「代官山のアイスクリームは、後輩たちからおいしいから一度食べてみてくださいって勧められたの」

「ほうほう〜」

「銀座で見たピンクのワンピースは、仕事の途中にショーケースで見かけたんだけど、一緒にいた上司に『これ、君に似合うかもしれないね。イメージギャップがすごいから』って言われたの」

「ほうほう〜」

「簡単に書けたものは他人から勧められたものばっかりだったのね。逆に、本当にワクワクするものって、時間をかけないと出てこないものなのね」

「そうとばっかりも言えないにゃ。いつも自分とお話ししている人間は、すぐに出てくるのら」

「そうね、私は自分の心を感じるってことをしてこなかったことが、よく理解できたわ」

「レイ、心を感じることは難しいのら。心のざわざわが静まらないと、ほんとうの声は聴き取れないのら。水が揺れると、映った月は歪《ゆが》んで見えなくなってしまうのじゃ」

「うまいこと言うわね。感心」

「心を静めてもう一回、リストを見てみるのら。まだ、気づいていないことがあるかもしれないのら」

玲は再びゆっくりと目を落とし、じっくりとリストを眺めた。

〝ひゅっ〟

玲が息をのんだ。

「あっ、ネコくん、今、私、すごいことに気づいたわ」

「ほうほう〜」

「このリストには仕事のことが、ひとつもないのよ！」

そう言い終わった瞬間、大きな声で笑い始めた。

ア〜ハッハッハ！

「仕事のことがひとつもないわ！」

クックック〜！

「そうなのら。レイはお仕事、全然ワクワクしてないのら」

「そうなのね。そうだったのね。私、仕事、全然楽しくないのね……。なのに、なのに……、こんなに仕事ばっかりして……。こんなに、自分を楽しませないで……私……いったい何してたんだろう……」

「吾輩たちは**『生き残る』ために生まれてきたのではないのら。幸せになるために生まれてきた**のら。み〜んな、幸せになるために生まれてきたのら。レイも、幸せになるために生まれてきたのら」

「ネコくん、私、もう何だかよくわからなくなっちゃったわ。もう何も考えられない。思考停止よ」

「思考停止、とってもいいことなのら。考えても幸せにはなれないのら。感じることしか幸せになる道はないのら。考えるな、感じろなのら。アチョーの人もそう言ってるのら」

アチョーの人？

「ネコくん、どうすればいいのかしら。教えてくれない？」

「いいのら。吾輩、そのためにレイに会いに来たのじゃ。まずは固まっている自分の心をほぐすことからはじめるにゃ」

「ほぐす？　どうやって？」

「今までの自分とは違う行動をしてみるのら」

「違う行動？」

「そう、違う行動をすると心が予定調和からはみ出るのら。ドキドキするのら。ドキドキすると心がほぐれるのら。レイはドキドキが必要なのら」

「そうかもしれない」

「吾輩の言うことをメモするのら」

「うん」

1. いつもと違うルートで会社に行く
2. いつもは聴かない音楽を聴く
3. 初めて行く新しい場所を探索する
4. 食べたことのないものを食べる
5. 自分のお部屋を模様替えする
6. お部屋の中を楽しくしてくれそうなモノを、お店で探して買う

「以上、六つなのら。大切なことは、『考える』んじゃなくて『感じる』ことなのら。これらを『考えて』やるんじゃなくて『感じて』やるのら。心の動きを感じながらや

ってみるのら」

「うん、わかった、やってみるわ」

玲の宿題

3

自分の枠組みから出てみる（そして感じてみる）

7

玲は課題をひとつひとつ、実践した。

今までなら〝余計なエネルギーを使う〟〝時間の無駄〟と考えて絶対にしなかったことばっかりだ。

会社に違うルートで行く。乗り継ぎ時間は調べていたけど、乗り換えのとき、心臓がドキドキ高鳴った。初めて見る風景、ゴオ〜ッとホームに入ってくる電車の音と風、風が運んでくる匂い、乗客たちの雰囲気……これが新鮮ってことなんだ。

玲は今まで睡眠導入のためのリラクゼーションミュージックしか聴かなかったが、初めてダンス系の音楽を聴いてみた。

ズンズンと重低音が身体に響く。細胞たちがビートに合わせて波打つ。メロディーとリズムが身体を揺らす。

いい……気持ちいい。音楽って、気持ちいいんだ……

玲は今まで行ったことがない場所、そして行こうとも思ったことのない場所〝秋葉原〟へ行ってみた。それはちょっとしたカルチャーショックだった。

ビル全体に大きく描かれたアニメのキャラ。大きな黒いリュックを背負った大勢の若者たちがごった返して行きかう雑踏。街角に立つメイド姿の女の子……騒々しく不思議な空間……静かで整理されたオフィスビルとは全く違う空間……衝撃だわ。

帰りに激辛ラーメンに挑戦した。

うう、なにこれ！　食べられるの？

口から火が出そうに辛い。唇が二倍にはれ上がったかも。ああ、でもなんか楽しい……楽しいってこういう感じだったんだ。


「最近のレイ、生き生きしてるのら」

「ネコくん、なんだかわかってきたの、感じるってことが」

「おおお〜」

次の休日、玲は部屋を模様替えした。

今までは自分の生活動線に沿った効率的な配置が最優先だった。一切の無駄は排除。でも今回はあえてそれを無視して『たのしい』『面白い』『きれい』という三点にこだわった。

玄関ドアを開けた瞬間、目が合うようにカエルの置物を置いた。これで帰宅するたび、カエルくんが出迎えてくれる。居間には青空と草原のポスター、壁には葉祥明《ようしょうめい》の絵をかけた。緑の草原と真っ青な空、小さい白い家……なんだか懐かしい。

調味料や香辛料もマクロビショップで新たに手に入れた。フライパンや鍋もスカイブルーで統一した。料理もレシピ本を見ながらチャレンジ。時間と手間はかかるけど、でき合いを食べるのではなく自分で作ったものを『感じながら』食べる。それって、実は贅沢なことだったんだ。家に帰るのが楽しくなった。

玲は会社の帰り、雑貨店や百貨店のインテリアコーナーによく寄って面白そうなものはないか、物色するようになった。おかげで、玲の家はいわゆるヘンテコリンなものがどんどん増えていった。

玲はワクワクリストも実行していった。

かわいいウォーキングシューズを買って、休日の朝、ネコと一緒に公園に出かけた。朝の日差しが柔らかに身体に当たる。身体を抜けていく風が心地いい。汗ばんだ身体が気持ちいい。レイの横をネコが歩いている。なんだか満たされてる、って感じ。

代官山でスペシャルストロベリークリームを食べた。今まではこういう嗜好品は無駄だと思って一切口にしなかった。口に入れた瞬間、歯がじんじんする、歯が喜んでる！　甘いクリームとイチゴの酸味が口の中で混ざり合う。あの温野菜と同じようにゆっくりと口の中で混ぜ合わせ、感じてみる。おいしい、おいしいってこういうことなんだ。

仕事帰りに銀座の店でワンピースを買った。そして勇気をふりしぼって、そのまま着て帰った。なんだか自分が今までの皮を脱ぎ捨てて、別人になったよう。

日曜日はお昼過ぎまで寝坊をした。午後には買ったばかりのワンピースを着て本屋に行った。興味をひいた本を迷わず購入。これから家に帰って読むのがワクワクする。

本屋を出たところだった。

あっ！

それは玲の上司だった。玲の真ん前を家族と一緒に横切って行った。

上司はまったく気づかない。玲はしばらく後をつけてみた。スパイになったかのようにドキドキする。振り向く？　気づかれる？　結局気づかれなかった。あ〜面白かった。

その晩、ポテトチップとアイスクリームを買い込み、何も考えていないおバカなギャグ映画をネコといっしょに見て大笑いをした。

「あ〜人生って楽しいわ」

玲は心からそう感じるようになってきた。

そして、一ケ月たった。

「レイ、そろそろ大丈夫なのら」

「大丈夫って？」

「最後のワクワクリストなのら」

レイは思い出した、というか、忘れたことがなかった。


〝ほんとうの私を見つける〟

8

「ホントの私なのら」

「ということは、今の私は本当の私じゃないっていうこと？」

「今のレイもレイなのら。でもホントのレイはレイのもっと心の深いところにいるのら。心のざわざわが静かになって、頭の中で余計なおしゃべりがなくなったとき、そのとき初めて奥深い空間からホントの声が聞こえてくるのら」

「空間？」

「電気を消して、目を閉じてみるにゃ」

玲は部屋の明かりを消して、目を閉じた。

「目の前を見てみるのら」

玲の目の前には漆黒の空間が広がっていた。

「それが空間なのら」

「これが、空間」

いつもは電気を消してベッドに入って目を閉じたら、目の前なんか見ていなかった。どうしていたんだろう、そうだ、いつも頭の中で何か思い出したり考えごとしたりしているうちに眠っていたんだ。

「呼吸を感じてみるのじゃ。吐いて吸う。吸っては吐く。胸ではなくてお腹で息をするのら。お腹に手を当ててお腹が膨らんだりへこんだりするのを感じながら、身体の中に入ってきては出て行く空気を感じるのら」

玲は言われる通りにやってみた。

鼻から鼻腔を通って酸素が入ってくる。肺に入る。お腹が膨らむ。そしてまた肺という風船が縮んで鼻から空気が出て行く。ああ、気持ちいい。

今日あったでき事とか明日の仕事とか、そういうざわざわしたものが一息ごとに静かになっていく……身体を、感じる……。

なんだろう、目の前の空間がだんだん明るくなってきた。

電気を消して真っ暗なはずなのに、なんか明るい。不思議……

目の前に、オーロラのような薄い黄緑色のカーテンが現れた。

漆黒の空間の中で、静かに揺れている。

玲はそのカーテンを眺めた。

音もなく揺れている、緑のカーテン……

玲の頭の中でしゃべり続けていたもう一人の玲の声が、まるでボリュームを絞っていくかのように小さくなってきて、ゴニョゴニョと言ってるけれど、なんて言ってるか聞き取れなくなってきた。

そしてその声が全く聞こえなくなったとき、玲の中に静寂《せいじゃく》が現れた。

何も聞こえない、何も考えていない、目の前にあるのは音もなく揺れる薄緑のカーテン。

静寂……平穏……

玲は漆黒の空間に問いかけた。

「ほんとうの私……」

そのとき、こだまのように空間から「透き通った」声が返ってきた。

「覚悟ができた？」

「覚悟⁇」

「そう、ホントのことを思い出す覚悟」

「……うん、できたわ。私は大丈夫」

「わかった」

透き通った声が応えた。

玲は静かに息を吐き、そして吸った。

「いくわよ」

「うん」

瞬間、玲の脳裏に記憶が瞬いた。

ドカン!!!!

轟音《ごうおん》、赤い車、横断歩道、きな臭い匂い。

ううっ何？

ガードレールに突っ込む車、傾く電柱、消えた信号、叫び声、パトカーや救急車の
サイレン……油の焦げる匂い。

あ、ああああああ〜‼

なんてこと‼

なんてことだ‼

みんな、みんな死んじゃった‼

ああああああ‼！

いや、いや、いやだ‼

ああああ‼

思い出した。家族みんなで歩いてたんだ。私が履《は》いていたピンクの靴……あの日、私は青い靴が履きたかった。それで駄々こねてダラダラ歩いてたんだ。

「ほら玲、機嫌《きげん》なおして、早く歩きなさい。バスに遅れちゃうでしょ」

……

私はうつむいて足をズルズル引きずった。

「もう、まったく玲ったら」

ちょっと先を歩いていたお父さんが、振り向いて立ち止まった。

「玲、こんどお出かけするときは青いの履いていこう」

お母さんがお父さんに追いついた。

「ほら玲、行くわよ」
その瞬間だった。
キキーッ
大きなブレーキの音、何?
ドカン!!
衝撃で身体が震える。
なに?? 何が起きたの??
次の瞬間、噴煙とともに玲の視界が赤い車になった。
あれ?
お父さんとお母さんは?
車が目の前のガードレールを突き抜けて、ブロック塀にぶつかり、止まっている。
お父さんとお母さんは?
見まわしたが、いない。
キャー! 事故よ! 事故!
誰かが叫ぶ。
事故? お父さんとお母さん……は?

救急車！　救急車！　人が倒れてるぞ！　パトカーも呼んで！

あああああああ～！

なんてこと!!　なんてことだ!!

みんな、みんな死んじゃった!!！

そうだった。そうだったんだ！

死んだ。死んでしまった！

あああああ！

「叫んでも、いいのら」

え？

「思いっきり叫んでもいいのら」

瞬間、玲の奥底から絞り出すような声が吹き上がった。

「あ゛あ゛あ゛あ゛あ゛～!!　あ゛あ゛あ゛あ゛あ゛あ゛あ゛あ゛!!

私が悪い。私が悪い。私が悪い。

私があのときもっと早く歩いていたら、お父さんもお母さんも車に轢《ひ》かれなくてすんだ。

私がグズグズしていたおかげで、車に轢かれちゃった。

私が悪い。私のせい、私がお父さんとお母さんを殺したんだ。
ごめんなさい、ごめんなさい！
゛あ゛あ゛あ゛あ〜!!
喉が痛い。身体が痛い。ぜんぶ……痛い!!
許して許して、私を許して！　゛あ゛あ゛あ゛あ゛あ゛あ゛あ!!
私だけひとり、生き残ってしまった。
私が代わりに死ねばよかった。
私もみんなと一緒に死ねばよかった。
私はひとりぼっちになってしまった。
ごめんなさい、許して！
゛う゛う゛う゛う゛う゛う゛う!!
声にならない叫びが喉の奥から絞り出される。
そのとき、空間に鐘のような声が響いた。
「苦しかったね……」
……え……？
「つらかったね」

……うん……

「悲しかったね」

……うん……

「自分の記憶を消してしまうほど、つらかったんだね」

……うん……

「フタをしていたその気持ちを、十分味わうの。今のあなたなら、それに耐えられるわ」

……うん……

あの映像、あの音、突然消えたお父さんとお母さん……サイレン……喧騒《けんそう》……

奥底で凍り付いていた記憶が、感情が、光にあたってゆるやかに溶けていく。

「あなたはもう十分苦しんだ」

……うん……

「だからもう、苦しむのは、おしまい」

……うん……

「これからは、ほんとうの自分を生きるの」

ほんとうの……わたし……？

「自分という存在を楽しむの」

楽しむ……でも……なんで、こんな苦しくてつらいことが起こるの？

「苦しんだり、怒ったり、悲しんだり、楽しんだり……それはね、それを通り抜けることで、ほんとうの自分に気づけるの。全ては体験という学びなの」

体験という学び……

「体験しないと、ほんとうには理解できないから。前のあなたがそうだったでしょ」

うん、頭でわかったつもりになってた。

「この世界は遊び場よ。私たちは自分を楽しむために、ここにいるのよ」

遊び場……

「さあ、苦しむのはおしまい。これからは遊びよ！」

うん、わかった、わかったわ。私、これからは遊ぶわ。遊んで遊んで、遊び倒すわ！

9

あれから半年が経った。

草むらに寝っ転がると、やさしい空間が身体をつつむ。草たちが微風に震える。

ああ~気持ちいい。

青空を見上げながら、玲はふとネコのことを思い出す。

あのネコくんがいなかったら、今の私はいないわね。

玲は引き止められながらも会社を辞め、豪華なインテリジェントマンションから小さなワンルームマンションに引っ越した。今は無職だ。

これから私は『生き残る』じゃなくて『生きる』のよ。

《自分の心が喜ぶことを仕事にする》

そのためにも、感じることが大切なのね。

大丈夫、貯金は十分ある。

いざとなったら、どうにでもなる。

いえ、私なら、どうにでもできる。

さあ、とにかくやってみよう!

玲は肩まで伸びた髪を右手でかき上げ、胸を張って立ち上がった。

人生は遊園地。ジェットコースターを楽しまなくちゃ。

お父さん、お母さん、見てる? 私はいま、幸せよ!!

第5章

ワクワク

「生きる意味」を見つける

明希

アルバイト　22歳　両親と同居

1

ん？

玄関の前に、何かいる……

明希《あき》はアルコールが入って潤《うる》んだ目を、ゴシゴシこすった。

うわ～ネコだ！　ネコが玄関の前で丸くなってる。

キョロキョロと見回した。誰も見てない……

明希はネコを抱《かか》えあげると、閉めるのが面倒くさくて何年もジッパーが開きっぱなしになっているボストンバッグにグイッと押し込んだ。

午前二時一八分……。うっ、やばい。また二時過ぎちゃった。こんなとこ見つかったら、お母さんにグチグチ言われる。

明希は玄関のノブをそ〜っと回し、中に入った。

よしよし……お母さんもお父さんも、寝てる。

明希はドアの鍵を閉め、抜き足、差し足で階段を上がった。そして部屋のドアノブを音を出さないように静かに閉めた。

ふうっ〜……セーフ……

そう思った瞬間。

トントン……階段に足音が。

うっ、やばい、見つかった！

「明希、今何時だと思ってるの？　いったいどこをほっつき歩いてきたの？　まったくもう」

「バ……バイトの先輩と、ちょっとご飯を食べてきたのよ」

「ちょっと食べてきたって時間じゃないでしょ。もう二時過ぎよ。まったく、毎日毎日」

「そんなことないよ」

「そんなことあるわよ。あなたが普通にちゃんと帰ってきた日なんか一日だってないでしょ」

確かに……明希も普通に帰った日なんか、思い出せなかった。

「いいこと、もういい加減大人になりなさい。高校生じゃないのよ。二三にもなって！」

ドスドス……お母さんが怒りで足音を響かせて階下に降りて行った。

あ〜あ、また怒られちゃった。

ま、いいや。今日はなんたってネコを拾ってきたんだから。

お〜い、ネコちゃん。気分揚々とボストンバッグを開いた。

あれ？

いない……

明希はキョロキョロと周囲を見回した。

「吾輩《わがはい》はここなのら」

明希がギョッとして声の聞こえたほうを見ると、ショッキングピンクのカラーボックスの上にさっきのネコがちょこんと座っていた。

「ネコ……がしゃべった？」

「そうなのら。吾輩がしゃべったのら」

きゃ〜っ!!

ドスドスと歩く音が聞こえて、ドアの向こうからお母さんの声がした。

「明希、いいかげんにしなさい、お父さんが寝られないでしょ！　何度言ったらわかるの！　ホント、バカなんだから！」

「ご、ごめんなさい……」

お母さんがドスドスと去っていった。

明希はネコの顔をしげしげと見つめた。

ネコだ。間違いなく、ネコだ。しゃべった。確かにしゃべった……

「そうなのら。確かにしゃべったのら」

明希はまた目を真ん丸くして、今度は叫びそうになって大きく開けた口を急いで右手でふさいだ。

あわてて鼻も一緒に押さえたので、息ができない。

うっ、苦しい。でも、大きな声で叫びたい。わ〜って言いたい。でもお母さんがまた来たら、もっとめんどくさいし。ああ、苦しい……息が吸えない……目の前が暗くなってきた。

「手を放せばいいのら」

あ、そうか！

明希は口から手を放し、大きく息を吐き出した。

ぶは〜っ
「あ〜っ、びっくりした。死ぬかと思った」

「おみゃさん、面白いのら。自分で口をふさいで死にそうになった人間、初めて見たにゃ」

「ハァハァ、あなた、何者？　ホントにネコ？」

「そうなのら。ネコなのら」

「うそでしょ。ネコの姿した宇宙人じゃないの？」

明希は好奇心で目をランランと輝かせながら、ネコを頭の先から尻尾までしげしげと見つめた。

「うんにゃ。吾輩はネコである。正真正銘のネコなのら」

「ねえ、ホントのこと言っていいのよ。あたし、絶対に黙ってるから。誰にも言わないし。あなた、ホントは宇宙人なんでしょ。地球を調べにきたの？」

「うんにゃ。吾輩はネコである」

「でも、しゃべるネコなんているわけないじゃない。ねえ、いいから、ホントのこと言ってよ。あたし、宇宙人って絶対にいると思ってたんだから」

「うんにゃ。残念ながら、吾輩はネコである。にゃまえはまだにゃい」

「ねえ、どこから来たの？　遠い星？　どうやってネコに化けてるの？　それ、着ぐるみ？　宇宙服？　脱いでみてよ。あ〜宇宙人と会えるなんて、あ〜サイコー」

「ちょっと話を聞くのら。吾輩はこの星の出身なのら。人間のつけた呼び方だと、葛飾区というところの生まれなのら」

「カツシカク……ええっ、葛飾区？」

明希の頭の中に昔見た「男はつらいよ」の寅さんのテーマソングが流れてきた。

「私、生まれも育ちも葛飾柴又です。姓は車《くるま》、名は寅次郎《とらじろう》と申します……」

頭の中の寅さんがニッと笑った。

明希は思わずプッと吹き出した。

「え〜宇宙人じゃないの？　つまんないな〜あたし宇宙人に会えたかと思ったのに」

「しゃべるネコも面白いのら」

「ま、そうね。しゃべるネコも面白いね。あたしは明希っていうの。あなた、にゃまえはまだにゃいのね」

「そうなのら」

「じゃあね、あたしがあなたに名前をつけたげる！」

「おうおう、頼むのら」

しげしげとネコの顔を見て、明希は言った。

「あなたは、ピカソよ」

「ピカソ……そのココロは？」

「うん、顔がヘンだから。ピカソの絵みたいにヘンでしょ」

「顔がヘン……」

「葛飾生まれのフーテンのピカソちゃんね。アハハ」

明希は大きな声でケラケラと笑い出した。

また廊下にドスドスと足音が響いて、今度は勢いよくドアを開けてお母さんが入ってきた。

「明希！　いい加減にしなさい。あ〜お酒くさい」

お母さんは右手で空気をあおいで、左手で鼻をつまんだ。

「早く寝なさい！　今日はまだ火曜日よ。明日仕事あんでしょ。毎日毎日おんなじことばかり言わせないで。ホント、バカなんだから！」

「は〜い」

お母さんはまたドスドスと足音を廊下に響かせて去っていった。

あれっ？　ピカソは？

明希がキョロキョロすると、ピカソがカラーボックスの陰から悠然《ゆうぜん》と出てきた。

「ピカソ～、あなた、なかなかやるわね。これから、面白くなりそうだわ」

「しょうなのら。これからとっても面白くなるのら」

「あ～、興奮して眠れないよ～」

「アキ、早く電気を消して寝た方がいいのら。明日もお仕事あるのら。またお母さんに叱《しか》られるのら」

「わかってるけど、あ～、ホント信じらんない。話すネコなんて。うふふ」

明希はしばらくじっとピカソを見ていたが、意を決したように立ち上がって部屋の電気を消してベッドにもぐりこんだ。

「おやすみ、ピカソ」

2

翌日、明希はアルバイト先から走って帰ってきた。

「明希、どうしたの？　こんなに早く」

明希は玄関に飛び込むと、急いで二階の自分の部屋にドドドッと駆《か》け込んだ。

ピカソはいる？　ピカソはショッキングピンクのカラーボックスの上に座って前足を舐《な》めていた。

いた！　ちゃんといた！

「ピカソ、いた！　よかった！　うれしー！」

明希は両手でピカソを抱え込み、自分の顔をグリグリこすりつけた。

「ううっ〜、痛いのら」

明希は気が済むまでグリグリしてから、床の上にパッと放した。

「今日はね、ピカソの好きそうなものを買ってきたよ」

明希が手に持っていたコンビニのビニール袋をひっくり返すと、キャットフードの缶詰がゴロゴロと転がり出た。

「おおっ〜吾輩の大好物なのら」

「わーい」

明希はドタドタと部屋を出てお皿を持って戻ってきた。そしてプルトップを開けてお皿にキャットフードをバックリひっくり返した。

「いただきますなのら」

「おいしそうね〜」

「おいしいのら」

ピカソがペチャペチャとほおばると、キャットフードの匂いが漂《ただよ》う。

「あたしもひとくち食べてみたいな」

「ダメなのら。これは吾輩のものなのら」

「う〜ん、残念。今度はあたしの分も買ってこようっと」

「今度は一緒に食べるのら」

「うん、そうする」

ピカソが食べ終わって舌のまわりをペロペロした。

「おいしかったのら〜ごちそうさまなのら」

「あたしたち、親友になれるかもね」

「おお、親友、いいのら。吾輩とアキ、親友になるのら」

「うれしいッ！」

明希がピカソを抱きしめた。

「アキ、ちょっと痛いのら。もうちょっとやさしくするにゃ」

「あっ、ごめん。つい、うれしくってさ」

明希がピカソを床に放した。

ピカソはふう～っと大きく息を吐き、明希の目を見た。

「吾輩はアキに会いに来たのら」

「えっあたしに？　うれしい！　でも、なんであたしに？」

「アキの人生をもうちょっとだけ、うまくいくようにお手伝いに来たのら」

「あたしのジ、ジンセイ？」

明希はジンセイという言葉、生まれてから数回しか使ったことがなかった。

「どういうこと、ピカっち？　よくわかんないんだけど。ジンセイ……ジンセイ……

あたしの人生……ん？」

う～んわかんない。人生ってなに？

「う～ん、そんなこと、今まで考えたことなかったな～」

「自分の人生を考えること、大事なことにゃ。アキは自分でどう思う？」

う～ん。

「あたし、毎日楽しいし」

「ほうほう、毎日、楽しい、それはいいことなのら」

「そうね、楽しいことはいいことね。あたし、楽しいこと大好き！」

「明希、ひとつ訊《き》くがの、ホントに毎日楽しいにょか？」

「うん、楽しいよ」

「明希の楽しいことって、どんなことなのら？」

「そうね～、遊ぶことね」

「明希の遊びってにゃんだ？」

「そうね～、飲みに行くことね」

「ほうほう、飲みとな。おしゃけを飲むことじゃの。他には？」

「おいしいもの食べること」

「ほうほう、おいしいもの、食べる、他には？」

「コンサート行く。でも最近お金がない。なんでかすぐなくなっちゃうの」

「ほうほう、他には？」

「カラオケも好き。あたし歌うまいんだから。ピカっちにも聞かせてあげたいな。あたしの歌声」

「ほうほう、他には？」

「映画も好きよ。でも最近お金ないからもっぱらネットね。映画館好きだな～スマホだと画面ちっちゃいのよ。映画館画面大きいし、ポップコーン食べながら観るのサイコー。あとコーラもヒッスね」

「ほうほう、他には？」

「おしゃべりね」

「ほうほう、おしゃべり。どんなことをおしゃべりするのら？」

「そうね、おいしい食べ物のこととか、そうそう、甘いものもスキ。コンビニのスイーツもおいしいよ。最近高くなってきたな。あとは仕事のグチとか、友達の彼氏のこととか、誰がなにしたとか、しなかったとか、まあ、いわゆるウワサ話ね」

「ほうほう、他には？」

「う〜ん、それぐらいかな」

「明希、ひとこと言っていいかの？」

「えっ、いいわよ」

「明希、おみゃさん、浅い、浅いにょ〜」

❸

「浅い？」

「そう、浅いのら。夕立の水溜《みずたま》りくらい、浅いのら」

「え～っ、でも楽しいよ、あたし。毎日楽しい。毎日幸せ」

「明希、そういう楽しみを『刹那的享楽』と言うのら」

「せつなてききょうらく？　意味わかんない。どういう意味？」

「その場だけ、その瞬間だけ楽しいことじゃ」

「楽しければいいじゃん。幸せだし」

「んじゃ訊くがにょ、その『幸せ』は終わった後も続くかにょ？」

「幸せが続く？　う～ん。そうね、確かに続かないかも。そのときは楽しくて幸せだけど、終わったら疲れるというか、う～ん、寂《さみ》しいというか、もう終わっちゃうの～？　って感じ」

「そうなのら。刹那的享楽は終わったあと、それをする前よりも寂しいのにゃ」

「終わったあと、前よりも寂しくなるの？」

「違うかの、アキ」

「う～ん、確かにそうかも……。みんな終わったあとの寂しさをなんとなく知ってるから、終わるのが怖いのよ。だからついつい、時間が延びちゃうのね。まだ終わりたくないってずるずる延びちゃうの。それでお母さんに怒られる」

「ほうほう、アキはときどき、鋭《するど》いこと言うのら」

「ねえピカっち。どういうことなのかな。楽しいのに寂しいって？」

「それはにょ、みんながホントの楽しみ、喜びと違うことをしてるからなのら」

「ホントの楽しみ、喜び？」

「そうなのら。**ホントの喜びは心の深いところから湧き上がってくる**のら」

「深いところ？」

「そう、でも、それに気づいたことも、それを探したこともないのら。だから、物足りない、なんか寂しい、満たされない。で、その穴っぽこをごまかすために薄っぺらで刺激の強い『遊び』で気を紛《まぎ》らわしてるのら。寂しい自分をごまかしている、ということなのら」

「ごまかし？」

「そう、ごまかしなのら。**寂しいもん同士がその寂しさ、空虚感、からっぽな自分に気づかないように、ワイワイ騒ぎ合って、ホントの自分から目をそむけ合っているの**ら。一時的にわ〜って盛り上がって、その刺激が『楽しい』ってごまかしてるのじゃ」

「うわ〜っ、きっついわね」

「そうなのら。現実は、きっついのら」

「ピカっち、じゃあ、あたしが飲みに行ったりカラオケ行ったりすることは、いけないことなの？」

「うんにゃ、いけないことではないのら。でも、もっと大きな楽しみ、深い喜びというものが人生にはあるにゃ」

「もっと大きな楽しみ、深い喜び？」

「そうなのら。もっと深くって、ジワジワ感じ続ける、味わい深い喜びが人生にはあるのら」

「へぇ〜、そうなんだ。あたしにもあるかな？」

「あるのら」

「ホントに？　なんだろう？」

「今から吾輩が質問するのら」

「質問？　あたしになんか訊くの？」

「そうなのら。同じこと何度も訊くのら。アキは心に浮かんだことを答えるのら」

「同じこと訊くの？」

「そうなのら。同じこと何度も訊くのら」

「同じこと答えてもいいの？」

「そのとき、浮かんだことだったら、同じこと答えてもいいのら。心に浮かんできたこと、そのまんま言えばいいのら」

「わかった。いいわよ。なんだか面白そう〜ワクワクする」

「面白いのら。じゃあ、いくのら」

「うん」

「アキ、おみゃさんが欲しいものは何なのら？」

「欲しいもの？　う〜ん、もちろんお金！　十万円欲しい」

「アキ、おみゃさんが欲しいものは何なのら？」

「う〜ん、新しいスマホ！　最新のやつ」

「アキ、おみゃさんが欲しいものは何なのら？」

「一人暮らし！」

「アキ、おみゃさんが欲しいものは何なのら？」

「ヴィトンの白のバッグがほしい」

「アキ、おみゃさんが欲しいものは何なのら？」

「ヴィトンのボストンもほしい。赤いやつ」

「アキ、おみゃさんが欲しいものは何なのら？」

「ブルガリの時計がほしい。ダイヤでキラキラしてるの」

「アキ、おみゃさんが欲しいものは何なのら？」

「ミンクの毛皮コートもほしい。いっかい触ってみたい」

「アキ、おみゃさんが欲しいものは何なのら？」

質問が五分を超えるころ、だんだんと答えるモノがなくなってきた。

「う〜ん……」

「アキ、おみゃさんが欲しいものは何なのら？」

「……もう全部言っちゃった」

「アキ、おみゃさんが欲しいものは何なのら？」

も〜言うものがない〜っ……

「アキ、おみゃさんが欲しいものは何なのら？」

「…………」

「アキ、おみゃさんが欲しいものは何なのら？」

「…………」

「アキ、おみゃさんが欲しいものは何なのら？」

「…………」

突然、明希の心の奥深くから言葉が転がり出てきた。

「自信……自信がほしい」

「アキ、おみゃさんが欲しいものは何なのら？」

「ホントの友達、親友がほしい」

「アキ、おみゃさんが欲しいものは何なのら？」

「あったかい笑顔がほしい」

「アキ、おみゃさんが欲しいものは何なのら？」

「才能がほしい」

「アキ、おみゃさんが欲しいものは何なのら？」

「尊敬がほしい」

「アキ、おみゃさんが欲しいものは何なのら？」

「信頼がほしい」

「アキ、おみゃさんが欲しいものは何なのら？」

「愛情がほしい」

「アキ、おみゃさんが欲しいものは何なのら？」

「充実感がほしい」

「アキ、おみゃさんが欲しいものは何なのら？」

「充実感がほしい」

「アキ、おみゃさんが欲しいものは何なのら？」

「充実感がほしい」

『充実感』しか出なくなったところで、ピカソが質問をやめた。

「アキはホントは充実感が欲しかったのら」

「……充実感……」

「アキが欲しいものは、お金とかにゃんとかのバッグだとか時計だとかそんなもんではないのら」

「…………」

「ホントに欲しいのは『充実感』なのら」

「じ、充実感…………」

「充実感は、おしゃけを飲んだり、カラオケしたり、ウワサ話をしていても得ることはできないのら」

「た…………確かに。それはあたしでもわかる」

「喜びとは、とっても真面目なものなのら」

「ピカっち、どうすればいいのかな? あたし、自分のこと、わかんなくなっちゃった」

「じゃあ次の質問なのら」

「うん、なに?」

「子どもの頃から振り返ってみて、ホントに楽しくて楽しくてパチッと『スイッチ』が入ったみたいにノリノリになったこと。ノリノリリストを書いてみるのら」

「うん、わかった」

明希は引き出しに入っていた何年も使っていないノートを取り出した。

「これは人から言われたり褒《ほ》められたりしたんじゃなく、それをしていること自体に時間を忘れて夢中になったことなのら」

「うん、わかった」

明希はシャーペンを握ってメモ帳に目を向けた。

明希の宿題

1

ノリノリリストを書いてみる

❹

「ピカっち、できたよ」
「ほうほう」
「あたしは三つね」
「三つとな」
「読むね」

ノリノリリスト
①絵を描いているとき
②ダンスもノリノリ
③詩や物語を創ってるとき

「説明するのら」
「うん、まずは絵を描くこと。クレヨンでいろんなものを描いたの。空、雲、人、空

想したいろんな生き物とか街とか。幼稚園の頃、絵を描くのが大好きだったの。先生から想像力豊かって褒められてた。思い出した。いつも金賞だった」

「ほうほう、絵とな」

「次はダンスね。小学校のとき、近所のダンス教室に行ってたの。ダンスしてるとあっという間に時間が経って……。足が痛くなっても全然平気だったの。気づいたら爪が割れて足が血だらけだったこともあったし。あははって感じ」

「ほうほう、ダンスとな」

「詩や物語をつくることも大好き。低学年のときはお話ノートを作って書いていたの。誰にも見せたことないけど。中学のときは詩を書いていたんだ。これも誰にも見せたことないけど」

「ほうほう、詩人とな。一番はどれなのら？」

「そうね～やっぱり、絵を描くことかな～。お母さんから聞いたけど、あたし、クレヨンと画用紙を持たせたら、ずっと一人で絵を描いてたんだって。だからあたしがちっちゃいとき、手がかからなくてめっちゃ楽だったんだって」

「ほうほう～お絵かきとな。アキ、今もお絵かき、してるにょか？」

「えっ、今？」

「そう、今なのら。今、お絵かきしておるにょか？」

「ない。ぜんぜんしてない」

「にゃんで、してないのら？　だって、好きなんじゃろ」

「だって、あたし、絵、ヘタクソだし」

「ほうほう、どうしてそう思っているのら？」

「だって、小学校のときずっと図工がＣだったもん」

「Ｃって、どういうことなのら？」

「いちばんヘタクソってことよ」

「ヘタクソ……」

「そう、いちばんヘタクソなのよ。好きでも、才能がなかったのよ。あたし」

「才能がないって、誰が決めたことじゃ？」

「だってＣだったんだもん」

「だから、それは誰が決めたことなのじゃ？」

「先生よ」

「アキ、ひとつ訊くがの、図工がＣということと、才能がないということは同じことなのじゃろうか？」

「えっ、当たり前じゃない。Cはヘタクソ、ダメってことよ。お母さんもいつも『あんたはバカ』って言ってるし」

「がっこのしぇんしぇいは、偉大なお絵かきしゃんじゃったのか？」

「普通の小学校の先生よ。女の先生」

「その女のしぇんしぇいは、アキの才能をちゃんと感じ取ることができる人じゃったのだろうか？」

「そんなこと考えたことなかった。う〜ん、わかんない」

「じゃあ、考えてみるのら」

明希は目をつぶって小学校の先生のことを思い出した。

そう、小学校の佐藤先生、規則とかに厳しかったな〜、でも、いい先生だったな〜

何かあると、すぐに連帯責任とか言って、みんなで立たされたり、掃除させられたり……

あの先生がいつもあたしに図工Cをつけてたんだ。体育はAだったんだけど。

そう、体育、体育……そうだ、あの先生は体育大学の出身だったな。確かソフトボールをやってたって言ってたっけ。だからあたし、中学校からソフトはじめたんだ。

ん……体育大学？

「あたしの先生、体育大学出身の先生だった」

「ほうほう、運動の専門家ぞな」

「うん、運動はすごかった。鉄棒とか大回転とかしてたし」

「お絵かきのほうはどうだったのら？」

「そうね……得意じゃなかったね。今、気づいた」

「そのがっこのしぇんしぇいがアキは才能がない、と決めたら、アキはホントに才能がないのじゃろうか？」

「ううっ……で、でも、そもそも才能がなかったんだし……あたしバカだし」

「明希、よ〜く聞くのじゃ。自分以外の他人が『おみゃさんはこうじゃ！』と言ったことを、そのまんま真に受けるということは、自分の人生のハンドルを他人に渡してしまうということなのら」

「えっ？　自分の人生のハンドル？」

「そう。アキ、**自分がどんな人になるかを、他の人に決めさせてはいけない**のら」

「……………」

「なれるのら」

「えっ？」

「アキはアキ自身が『こうなりたい』と思った通りの人間になれるのら」

「無理、無理よ」

「どうしてにゃ」

「だってあたしバカだもん」

「バカってどういうことなのら」

「バカはバカよ。あたし考えられないの。難しいこと考えると眠くなっちゃうの。集中力とか全然ないし」

「それはホントかにゃ？」

「だってあたし、ホントにバカなんだもん。お母さんもバカバカって言ってるし」

「それをホントと、確信しているかにゃ」

「確信……う〜ん、確信ってまでいかないけど……だってお父さんもあたしのことバカって言ってるし。あたしがバカなことするとお父さん喜ぶし」

「そうなのか」

「そうよ。だからあたしはバカのままでいいのよ。自分で考えるの疲れるし、めんどくさいし」

「それがさっき言った他人にハンドルを渡してしまっているということなのら。アキは今まで人生のハンドルを学校の先生やお父さんやお母さんに全部渡してしまってきたのら」

「そうなのかな」

「アキは自分がバカって考えるとき、どう反応しておるにょか」

「反応？」

「そう、反応」

「う～ん、どうせあたしが考えることなんて大したことないし、うまくいかないし、ちゃんとしたことじゃないし……だから考えるだけ無駄だって……だから、何も考えないようにしてるかも、ラクだし」

「考えないということを、アキ自身が選択しておるということではないかにゃ」

「……うん、そうかも」

「その考えがなければ、アキはどういう人になっているかにゃ」

「うーん、もっとちゃんと色々考えてしっかりした人になってると思う」

「いまアキがしゃべったこと、自分でまとめてみるのら」

「まとめて？　う～ん、あたしバカだし……難しいな」

「ほら、そうやって考えることを放棄してるのら。四の五の言わずに、とにかくやってみるぞよ」

「うん……え〜っと……あたしは自分がバカって思ってるから、考えるのがめんどくさくなって、どうせうまくいかないって思って、考えない人になっちゃった。あたしが考えるってことをすれば、もっとシッカリした人になってる……かな……あれ？　できた」

「ほら、できたにゃ」

「ほんとだ」

「それは鎖《くさり》なのら」

「鎖？」

「そう、『あたしはバカ』って自分をぐるぐる巻きに縛《しば》って身動きできなくする鎖」

「鎖か……」

「いまからその鎖を解いていくのら」

「解けるの？」

「解けるのら」

「どうすればいいの？　鎖、見えないし」

「まずは目を閉じて、深呼吸するのら」

「うん」

明希は目を閉じ、ゆっくり深く息を吐いた。そしてまたゆっくりと深く空気を吸った。

「ひと息ごとに、頭の中に走っている『おしゃべり』から離れていくのじゃ」

おしゃべり……離れる……

はあ～……すう～

「身体《からだ》を、感じるのら」

はあ～……すう～

明希の身体がだんだんとジンジンしてきて、頭の中が静かになってきた。

ああ、なんだか落ち着く……スウ～ッと静かになっていく……

はあ～……すう～

ああ、身体が気持ちいいって言ってる……

……言葉がもくもく湧き出てくる……雲みたい……しばらくゴニョゴニョつぶやいて、泡みたいに消えてく……

頭の中を、言葉が雲になって流れては消えていく……いろんな想いが浮かんでは消え去っていく……水の泡みたいだ……どんどんあたしが透き通っていく……透き通った水……

ピカソの声が聞こえた。

「アキの目の前に、大きな川が流れてるのら」

川……大きな川……

目の前に向こう岸が見えないほどの大きな川が現れた。

おっきい……おっきい川……

アキの前を悠々と静かに川が流れている。

「この川は、時間の川なのら。この川は、過去から未来へ向かって流れているのら」

時間の川……川の水は過去から流れ、そして静かに未来へと流れていた。

これは絶えることのない、永遠の流れ……

明希は川上を見た。

「それはアキの過去なのら」

あたしの、過去……

なんかいっぱい浮いてる……

ああ……これは、あたしのなかのスッキリしてない過去の出来事や、見ないように避けてきた想いの残骸だ……

ぷかぷか

ぷかぷか
その残骸たちはまるで何かに引っかかっているように、浮き沈みしながら、流れることなく、ただただ浮かんでいる。

灰色にくすんでグシャグシャになったモノ……

汚らしいオレンジと赤の混じったトゲトゲしたモノ……

黒っぽくて固そうなモノ……

緑青のペラペラしたプラスチックみたいなモノ……

いろんなの、いっぱい浮いてる……

あたしの川は……ゴミだらけだ……

「ゴミに訊いてみるのら、あなたはなにって」

うん……あなたはなに？

……

あなたはなに？

……

あなたはなに？

ゴミが答えた。

……あたしは……恐れです
恐れ？　なにを恐れているの？
あたしがホントにバカだって、バレてしまう恐れ……
あなたはなに？
……あたしは……不安です
不安？　なにが不安なの？
あたしがあたしらしく生きると、うまくいかないっていう不安
あなたはなに？
……あたしは……無力感
なにに無力なの？
あたしは何もできない、なにもうまくできないって無力感
あなたはなに？
……あたしは……恥
なにが恥ずかしいの？
あたしがやることはいつもヘンで、みんなから笑われる
あなたはなに？

……あたしは……怒り
なにに怒ってるの？

あたしはあたしに怒ってる。いつも適当で、ラクして、真剣に生きてない、あたし自身に怒ってる
そう……このゴミはあたし……でもこのゴミ、なんで川と一緒に流れていかないいんだろう？

あれ？　鎖だ。ゴミに鎖がついて錨《いかり》みたいに川底につながってる。だから流れていかないいんだ。

よく見るとそのゴミから油みたいなものがしみ出して、下流に流れている。ゴミが川下を汚染してる。

これは……

「つながってるのら」

え？

つながってる？

過去のゴミが、未来を汚染していた。

そう、恐れ、不安、無力感、恥、怒り……全ての残骸が、未来につながって川下を

汚していた。

汚い……あたしの未来はゴミからシミ出る汚れで真っ黒だ……これじゃ、うまくいくはずなんてない。絶対無理。このままだと、最悪……最悪の未来だ。

「ゴミを消すのら」

消す？

どうやって？　あっ。

ふと見ると明希の手にスコープ付きのレーザー光線銃が握られていた。

これ……これで撃つんだ……よし！

ビュン！

明希は銃を構えた。スコープが赤黒いゴミを捉えたとき、引き金を引いた。

銃口から赤い光線が出る。

ズバッ
赤黒いゴミの横に水柱が立った。

あっ外れちゃった……もう一度銃口を構える。

ビュン！　ズバッ！

また外れた……

ビュン！　ズバッ！
ビュン！　ズバッ！
ビュン！　ズバッ！
当たらないよ〜
「息を、吐くのら」
え？
「ゆっくり、息を吐くのら。で、吐き切ってから静かに呼吸を止めるのら」
明希はいったん銃を下ろし、深呼吸をして構え直した。はあ〜静かに息を吐く……
吐き切ってから静かに呼吸を止めた。銃身も止まった。心地よい静寂《せいじゃく》……
全てが止まった……
その瞬間、明希は静かに引き金を引いた。
バシュッ！
赤い光線が見事に赤黒いゴミに命中した。
当たった！
ビュッ……ゴミは赤く光って消えた。
「その調子じゃ」

「うん！」

ビュン！　バシュッ！

そうこれは、このゴミたちは、すべて終わったこと。これはあたしの記憶の中だけにあるもの。

ビュン！　バシュッ！

これを後生大事に覚えているのは、あたしだけ。

ビュン！　バシュッ！

こんなもの、もういらない。

ビュン！　バシュッ！

こんなゴミ、必要ない。

ビュン！　バシュッ！

恐れ、不安
ビュン！　バシュッ！

無力感、恥
ビュン！　バシュッ！

あたし自身への怒り

ビュン！　バシュッ！
消える……消えていく……ゴミが赤く光って消えていく。
ビュン！　バシュッ！
辛かったこと、苦しかったこと、悔しかったこと……
ビュン！　バシュッ！
腹立たしかったこと、傷ついたこと……
ビュン！　バシュッ！
ぜんぶ、ぜんぶ、消えていく……
ビュン！　バシュッ！
最後の一個が赤く光ってシュッと消えた。ゴミは全部消えた。
もうあたしにはゴミはない。
まっさら……あたしはまっさらだ……。
なんて気持ちがいいんだろう。あたしを縛るものは、もうない。
川向こうから光が差してくる。
ああ～新鮮。あたしは新鮮。
あたしは自由だ。あたしの未来は自由そのものだ。

明希は静かに目を開けた。

「ありがとう、ピカっち」

5

翌日も明希はバイト先からまっすぐ帰ってきた。

「あら、今日も早いわね？　具合でも悪いの？」

「ぜ〜んぜん。あたし元気。超元気、スーパー元気。あはは！」

明希は部屋に駆け込んだ。

「ピカっち〜っ」

ピカソは、ショッキングピンクのカラーボックスの上の座布団に丸くなっていた。

「おおお〜っ、ピカっち、ただいま！」

明希はピカソをギュッと抱きしめた。

「おおお〜痛いのら〜もちょっとやさしくしてほしいのら」

「あ、ごめん……ピカっち、昨日はありがとね。今日、すっごく調子よかったんだよ」

「ほうほう、しょうか、しょれはよかったにゃ」

「なんか、あたし、生まれ変わったみたいな気分よ」

「しょうなのら。アキは昨日、生まれ変わったのら」

「え〜っ、やっぱりそうなのね。だから元気いっぱいなのね。やる気マンマンって感じ。うお〜って感じ」

「しょれは素晴らしいのら。んじゃアキ、今度は人生を変えるのじゃ」

「人生を変えるの？　わーい、わくわくする。あたし、人生変えたい。ビューンって変えたい。で、ピカっち、どうするの？」

「じゃあ、吾輩がいまから言うことを書いてみるのら」

「わかった。やる」

「『もしも、あたしに不安がなければ、あたしは〜をする』この文章を思いつく限り、いっぱい書いてみるのら」

「やるやる！　やるわ。バンバンやるわ」

明希の宿題

2

〝もしも私に不安がなければ、私は〜をする〟を思いつく限り、いっぱい書いてみる

6

「できた。ピカっち、できたわ」

「読んでほしいのら」

①もしも私に不安がなかったら、私は絵を勉強する
②もしも私に不安がなかったら、私はデザインも勉強する
③もしも私に不安がなかったら、私はダンスを習う
④もしも私に不安がなかったら、私は転職をする
⑤もしも私に不安がなかったら、イヤなことを言われても笑ってごまかさないで「いや」と言う
⑥もしも私に不安がなかったら、バカなことを言って笑いをとったりしない
⑦もしも私に不安がなかったら、わざと失敗したりおっちょこちょいしたりして、人から歓心を得ようとしない
⑧もしも私に不安がなかったら、ホントに仲良くなってほしい人に「仲良くしよう

よ」と言う
⑨もしも私に不安がなかったら、私はもっともっと成長する
⑩もしも私に不安がなかったら、私は成長して私のジンセイの役割を見つける
明希は一気に読み上げると、ふぅ～っと息を吐いた。

「アキ、今、どんなことを感じてるにゃ？」

「あ～っ、気持ちいい～っ、出た出たって感じね。なんかヘンなたとえだけど、便秘でつまってたウンチがドバッと出た感じ」

「ほほほ、アキは面白いのら～。しょうなのら。魂の声はとっても気持ちいいのら」

「魂の声？」

「そう、魂の声。自分の深～いところから聞こえてくる声、これを魂の声と呼ぶのら」

「魂の声か……。いいね。すっごくいいね。なんだかじ～んとくるね。おなかと胸があったかくなってきた」

明希は静かに目をつぶって自分の右手を胸に置いた。

ドクッ、トクッ、ドクッ……

「この世界の生き物はみんな、虫や鳥や木や石もみんな幸せなのら。**幸せじゃ**

ないのはニンゲンだけなのら」

「なんで人間だけ幸せじゃないの?」

「**最初から幸せだと、幸せってモノがわからないのら。幸せじゃない状態を経験しないと、ホントの幸せを実感することはできないのら。ニンゲンは幸せを学ぶためにこの世界にやってきてる**のら」

「そっか……だから悩んだり苦しんだりすることが必要なんだね」

「しょう。悩みや苦しみを突き抜けた先に、ほんとうの幸せ、ほんとうの自分がいるのら。ベントーベンもそう言ってるのら」

ベントーベン……あ、ベートーベン……

音楽室で見た頭が爆発しているベートーベンの肖像画が頭に浮かんだ。

その瞬間、ジャジャジャジャーン!!

あの有名な交響曲「運命」が明希の中に響き渡った。

苦悩を突き抜けて、歓喜に至る……うわ〜そうだったんだ。

「人はみんな、幸せになる力をもって生まれてきたのら。そして、その力を使って幸せになることができるのじゃ」

「幸せになる力」

「しょうなのら。幸せになるために生まれてきたのら。幸せになるために、ここにいるのら」

「幸せになるために、ここにいる」

「この世界には、とにかくラクだからというだけで、軽〜く、浅〜く、薄〜く生きておる人間がとってもたくさんおるのら。とってもラクだけど、じぇんじぇん深みのない人生なのら。だから魂の声を聴くことが大事なのにゃ」

「深みのない人生。前のあたしみたいね」

「**『不安』は現実には存在しないのら。頭の中にしか、存在しないのら**」

「そうね、あたしなんだかできる気がしてきた」

「しょう。できることから始めるのら。すぐにできることと、そうでないことを分けるのら。いきなりお仕事やめるわけにはいかにゃいのら」

「それもそうね。絵やデザインを勉強するにも、ちょっとはお金がかかるし」

「計画を立てるのじゃ。計画のない人生は糸の切れたタコのようなものなのら」

「そうね。今までのあたしがそうだった。あたし、計画なんて立てたことないし。夏休みの宿題もやったことないし。前のあたしはその日の風でどっかに飛んでっちゃう人だったし」

「アキ、アキはとっても冴えてるのら。頭脳明晰《めいせき》なのら」

「あはは、ホント？　照れるな～」

7

明希は計画を立てた。
まずはすぐできること。

★もしも私に不安がなかったら、イヤなことを言われても笑ってごまかさないで「いや」と言う
★もしも私に不安がなかったら、バカなことを言って笑いをとったりしない
★もしも私に不安がなかったら、わざと失敗したりおっちょこちょいしたりして、人から歓心を得ようとしない
★もしも私に不安がなかったら、ホントに仲良くなってほしい人に「仲良くしようよ」と言う

明希は勇気を持ってやってみた。すると、不思議なことに不安に思っていたことは全然起きなかった。

ちょっと意地悪なバイト先の先輩にからかわれたとき、「そういうこと言われると、あたし悲しいです」ってちゃんと言ったら、それから先はあまりイヤミを言われなくなった。

ああ〜、いつもなら、ここでわざと失敗してたな〜なんて、気づくようになったし。自分でもときどき気づいてた、わざとバカなこと言ったり、失敗したりして他の人の注目を得ようとすることが、自然になくなった。

役者になろうと一生懸命にがんばって勉強をしてる、バイト先のあこがれの先輩と友達になることができた。

いつの間にか自然に周囲との関係がどんどんよくなっていった。明希の気分もどんどんよくなっていった。

次は、じっくりやるやつね。明希はリストに目を落とした。

★絵の勉強をする

★デザインの勉強をする

★ダンスを習う
★転職をする
★成長して、ジンセイの役割を見つける

　これ、あたし、ホントにできるのかな？

　明希はショッキングピンクのカラーボックスの上に気持ちよさそうに寝ているピカソに言った。

「ピカっち、ちょっといい？」

「ほいほい」

　ピカソが身体を起こした。

「あたしこれ、ホントにできるのかな？　大丈夫なのかな？　うまく行くのかな？　って、どうしても思っちゃうの」

「ほうほう〜」

「これ見てると、無理なことやろうとしてるんじゃないか、やっぱ無理でしょって、自信がしゅ〜って消えちゃうの」

「ほうほう〜」

「うん、なんか、前のほうが何も考えてなくて気楽でよかったかも、なんて一瞬だけど、思っちゃうの」

「ほうほう、それは問題なのら」

「でしょ、だからもうちょっとだけ、アドバイスしてくれないかな、ピカっち」

「わかったのら。大船に乗ったつもりで安心するのら」

ピカソはカラーボックスからぴょんと降りてきた。

「アキ、今から吾輩が同じ質問をするのら。アキは心の中を静かに見つめて、そこから自然に湧き上がってくる言葉をそのまま、口に出すのら」

「えっ？　また欲しいモノ、言うの？」

「違うのら。違う質問なのら。もっともっと、深〜い質問なのら。アキも自分の心の深〜い声に耳を澄ませるのら。出てきたものを**いいとか悪いとか判断しないで、そのまんま、声にする**のら」

「うん、わかった。やってみる」

「んじゃ、目をつぶって深呼吸をしてみるのら」

「オッケー」

明希は静かに目をつぶった。

す〜っ……はぁ〜っ……

ひと息ごとに、新鮮な空気が肺を通って身体に流れ込んでくる……

す〜っ……はぁ〜っ……

身体の感覚が鋭くなっていく……

す〜っ……はぁ〜っ……

心が静かになっていく。ざわめきが平たくなっていく。ああ、気持ちいい……

平安……静穏……

ピカソの声が聞こえた。

「あなたは……誰ですか？」

「……あたしは……沢村《さわむら》明希です」

明希が答えた。

「あなたは……誰ですか？」

「あたしは女です」

「あなたは……誰ですか？」

「あたしは二二歳です」

「あなたは……誰ですか？」

「あたしは東京都に住んでます」

「あなたは……誰ですか？」

「あたしはコンビニの店員です」

「あなたは……誰ですか？」

「あたしは、沢村敏夫《としお》と由希子《ゆきこ》の子どもです」

「あなたは……誰ですか？」

「あたしは……平成昭和大学の卒業生です」

「あなたは……誰ですか？」

「あたしは、中学のとき四番バッターのエースでした」

「あなたは……誰ですか？」

ゆっくりと、やさしく、ピカソの質問が続く。

「あなたは……誰ですか？」

だんだんと答えるものがなくなってきた……

アキは、深いところから聞こえてくる心の声をじっくりと感じた。

あたしは……誰……？

「あ……あたしは……あたしは……」

「あなたは……誰ですか？」

そのとき、明希の深いところで、何かが呼びかけに応えた。

「あ……あたしは……あたしです……」

そう、そうだ、そうなんだ。あたしはこの世界でたったひとりの素晴らしい存在。あたしは他の誰とも代わることができない。むかしツッパリ映画で見た天上天下唯《てんじょうてんげゆい》我独尊《がどくそん》ってこういうことだったんだ。まさに唯一無二。なんて愛しいんだろう。

あたしはあたし……あたしはあたし……

何も加える必要もなく、何を引く必要もない、それがあたし……それが、あたしなんだ。

「あなたは……誰ですか？」

え？　まだ？

まだ、先があるの？

「あなたは……誰ですか？」

あたしの先……

もっともっと深い、深い深いあたし……

「あなたは……誰ですか？」

そうか、世界でたったひとりのあたしって……誰？

「あなたは……誰ですか？」

あたしは……何者？

「あなたは……誰ですか？」

あたしの……生まれてきた意味は？

あたしは……なんで生まれてきたの？

「あなたは……誰ですか？」

あたしは……なんで生きてるの？

「あなたは……誰ですか？」

心の谷底深くからから呼びかけに応える気配がした。何かがくる……

「あなたは……誰ですか？」

「……」

心の声に耳を澄ます。

「あなたは……誰ですか？」

あたしは……

「あなたは……誰ですか？」

想いがぷかぷかと、泡のように浮かび上がってきた。

この想いを……言葉にするんだ……

「あなたは……誰ですか？」

「そうだ……あたしは……あたしは……」

「あなたは……誰ですか？」

突然目の前に、絵を描いている自分の姿が現れた。

「あ……あたしは……絵を描く人です」

「あなたは……誰ですか？」

「あ……あたしは……自分を表現する人です」

「あなたは……誰ですか？」

「あ……あたしは、絵で自分自身を表現する人です」

「あなたは……誰ですか？」

「あたしは……あたしは……」

次の瞬間、明希の目の前が明るくなった。

なに？　ひかり？

ああ、明るい……真っ白。混じりっ気ない真っ白……純白の……光……

きれい……なんて美しい光
どこから？　上だ。上から光が差し込んでくる。明希は見上げた。
あー、上から光がさしてくる。
雲だ。あの光ってる雲の上から、純白の光がさしてきてる。まるで純白のビーム。
きれい……満ちてる……すごい、なんてすごいんだろう！
あの光、あの純白の光、まるで宇宙の根源の……光。
そうだ、あれは宇宙の光だ！　間違いない！
「行ってみるにゃ」
行く？　行くってどこに？
「光の中に」
光の中に？　あたしが？
「そう。行くのら。行けばわかるのら。ホントの自分がわかるのら」
ホントのあたし……
うん、わかった。行くわ。
光に向かって進む。
うわー、なんだかすごくあったかい。身体が、いやあたしがぜんぶ喜んでる。あたしの魂がびゅんびゅん弾んでる。
光の中に入った。
身体が光る。あたしが光る。あたしの魂が純白に光り輝いている。
すごい、すごい、なにこれすごい。快感！
ぴょんぴょんぴょん！　踊る踊る、あたしの魂が喜んで踊って跳ねまわってる。
これだ、これがあたしなんだ！
あたしは喜び
あたしは光
あたしは宇宙
ああ、なんて言ったらいいの！　言葉にできない！　表現できない！
これよ、これ！　これなの！　これがあたしなの！
ああ、サイコー!!
ああああああああ!!
どどーん!!
稲妻のように明希は光と一体になった。
明希は目を開けた。

「ピカっち、わかった！　わかっちゃった！」

「何がわかったのら」

「あたし、宇宙だったの」

「ほうほう、宇宙とな」

「そう、宇宙はね、あたしを通って行くの。どどーんって通り抜けて行くの。宇宙はあたしを使って表現するの。あたしは宇宙のキャンバスであり、筆なの。それがあたしの役割だったの」

「ほうほう」

「みんなそうなの。みんな宇宙だったのよ！　みんな、全員、全員よ！　なんてすごいんだろう。わーすごい！　すごすぎる！　そう、あたしは宇宙の通り道。宇宙の筒。宇宙の表現をこの世界で形にする人。それがあたし、あたしの役割」

「ほうほう」

「あたしやるわ。あたしはあたしの役割を全うする。それがあたしの生まれた意味。あたしの生きる意味。あ〜最高にスッキリだわ。ありがとうピカっち。あたし、あたしを生きるわ。生きて生きて、生ききるわ!!」

8

そう、あれはもう七年も前のことなんだ……

明希はふっと見上げた。

あれからあたしの人生は、ホントに変わったな～。激変って感じ。

今のあたしがあるのはピカっちのおかげだな～。

ピカっちはあれからちょっとしてから「さらばじゃ」とか言って出て行っちゃったけど。うふふ。

ピカっち、ホントにありがとう。

ホントに感謝してる。

明希の目線の先、ショッキングピンクのカラーボックスの上には盾《たて》と賞状が飾られていた。

日本デザイン新人大賞　沢村明希　殿

第6章

ドッカン

いま、この「瞬間」

抗助

プロボクサー／アルバイト　34歳　アパート　一人暮らし

1

クソがっ！
抗助《こうすけ》は足元に転がっていたビールの空き缶を蹴《け》っ飛ばした。
カランッ、カランッ
空き缶は暗く人通りのない静かな住宅地を、音を立てて転がっていった。
抗助はさらに歩いてまた、その空き缶の前で立ち止まった。
あのヤロウ！
また空き缶を蹴っ飛ばす。
カランッ、カランッ

空き缶はまた音を立てて転がっていった。

「いてっ！」

えっ？

声のほうを見ると、迷惑そうに見ているネコと目が合った。

はっ？　空耳？

抗助が一瞬戸惑ったそのとき、また声がした。

「痛いのら。吾輩《わがはい》が、気持ちよ〜く寝ておるのに、迷惑なヤツじゃ」

え？　ネコがしゃべってる？

「まったく、夜中にそんなもん蹴っ飛ばして、とんでもなく迷惑なのら」

いや、待て、これは幻聴だ。きっと幻聴に違いない。今日パンチ、もらいすぎたか？

「吾輩はおみゃさんに、そう、そこにアホづらして立ってるおみゃさんに、言ってるにゃ」

ウソだろ。ありえない。

ネコは呆然《ぼうぜん》と立っている抗助の足元まで歩いてきた。

「おみゃさん、この落とし前、どうつけるつもりなのら」

ネコが背中を向けると、ビールのシミが点々とついている。

「し……知らねえっ、そもそもそんなとこで寝てるおめえが悪いんだろが」

「どこで寝ようと吾輩の勝手なのら。ここは自由の国ニッポンなのら」

「なんだと？　ネコのくせにクソ生意気なヤツだ。人間に逆らう気か？」

「ほうほう、そうきたか、ほうほう」

ネコはニヤリと笑った。

「おみゃさんは、自分のしでかしたことに責任を取れない人間なのら、ガキじゃ」

「な、なんだとっ！」

「だってそうじゃろが。自分が蹴っ飛ばした缶が飛び散ったのら。迷惑をかけたのだ。それを知らんというのは、無責任なお子ちゃまなのら。おみゃさん、いったい何歳なのら？　なりは大人でも、中身はガキなのら」

「こ……こいつ……いい気になりやがって！」

抗助の手が怒りでぶるぶる震えた。

「怒った、おみゃさん、怒ったにゃ。自分のこと棚に上げて、怒ったのら」

「このクソネコッ！」

抗助は思いっきりネコを蹴ったが、ネコは余裕でかわした。

「甘い……甘いのう、ふふふ」

「なんだと～っ、ぶっとばしてやるっ、おりゃ～っ！」

抗助は二回目の蹴りを繰り出した。プロボクシングで鍛《きた》えた抗助の蹴りはなかなか鋭《するど》い。しかし、ネコは抗助の二回目のキックもサッとかわすと、また正面に戻ってきた。

「遅い、遅いの～」

「なんだと！」

蹴りが空を切る。

「おみゃさんの動きは、既に見切ったぞなもし」

「うるせえ！」

また蹴りが空を切る。

「しょんなことでは、吾輩に触れることはできんぞな。この、未熟モノめが！」

「なんだと、もう一回言ってみろ！」

抗助はまた蹴りを繰り出すが、ネコはニヤつきながらそれをかわす。

「にょほほほっ」

「俺を誰だと思ってんだ！　どりゃ～！」

ハァハァハァ……くそうっ、こんなんだったら蹴りも練習しとくんだったぜ。

「この、クソネコがッ！」

蹴りが大きく空を舞った直後、「ほほほ〜」ネコがつま先に乗った。バランスを崩した抗助は後ろにひっくり返った。ゴツンと音が響いた。

「ぐっ……ううう」

声にならない声を出して抗助が目を開けると、胸の上にネコがちょこんと座って顔を覗《のぞ》き込んでいた。

「大丈夫か？」

「ううう……い、いてえ……」

抗助が後頭部をさすると、幸いなことに出血はしていない。

「大丈夫にゃのか？」

「ううう、だ、大丈夫だ」

抗助は頭をさすりながら上半身を起こした。ネコはぴょんと横に飛び降りた。

「勝負はついたにゃ」

「パンチだったら負けねえ……くっそう」

「ネコマンマなのら」

は？

「じゃから、ネコマンマなのら」

「何だと？」

「じゃから、この落とし前、ネコマンマで手を打つ、と言ってるのじゃ」

な……なるほど、そういうことか……。

「くっ……しゃあないな」

抗助は立ち上がって身体についたホコリをパタパタと手で払った。

「こっちだ」

抗助は振り返りもせずアパートに向かった。

くそうっ、なんかヘンなことになったぜ。しゃべるネコ？　ありえねえだろ。

「ありえないことが、この世にはあるのら」

くっ、うるせえ。

抗助が鍵を開けて部屋に入ると、ネコは抗助を追い越すように部屋に飛び込んだ。

「ほうほう、けっこうコギレイに片付いてるにゃ」

「うるせえ。余計なお世話だ」

抗助は乱暴に靴を脱ぎ捨て、上着を脱ぐとドカッと座椅子に腰を下ろした。

「で……なんだっけ？」

抗助がぶっきらぼうに言った。ネコがしげしげと抗助を見て言った。

「おみゃさん、いつもそうなのか？」

「は？　なんのことだ？　いつもそうなのか？　って何が？」

「じゃから、いつもそんな感じなのかって訊《き》いておるにゃ」

「そうだ。いつもこうだ。だから何だ」

「おみゃさん、大変な人生を送っちょるようなのら」

「大変な人生？」

「そうなのら。大変な人生なのら」

「なんだそれ？　訳わからん」

「おみゃさんのような人間のことを、『嵐の中の小舟』と呼ぶのら」

「嵐の……なに？」

「嵐の中の『小舟』なのら」

「小舟……。なんだそれ？　なんで俺が小舟なんだ」

「じゃから、ちょっとのことで感情が爆発して心の中は大嵐なのら。その大海原《おおうなばら》の中をちっちゃな舟が右に左に、ひっくり返りそうになりながら漂《ただよ》っている、ということなのら」

「くっ……うるせえ」

「大変じゃのう～」

「よ……余計なお世話だ。ほっとけ」

抗助は勢いよく立ち上がると台所に行って冷蔵庫の中や食器棚をゴトゴト探していたが、お皿に盛ったご飯だけ持って戻ってきた。

「カツオブシねえ」

ネコの前にゴトッとお皿を置いた。

「ダメなのら。吾輩、カツオブシがないもの、受け付けないのら。それ、吾輩のポリシーなのら」

「なにがポリシーだ。ネコのくせに」

「おみゃさんも人間のくせに偉そうなのら」

「なんだと～」

「ほら、また嵐なのら」

うっ
ネコがニヤッと笑った。

はぁ〜っ
抗助はため息をついて、リュックからレジ袋を出して、カット野菜の袋と割り箸を取るとそのまま食べ始めた。抗助は言った。

「食わないのか？」

「メシだけじゃいらん」

「ふん、勝手にしろ」

「ご飯、それだけにゃのか？」

「試合が近いんだ」

「おなか、すかないのか？」

「平気だ、じゃあ明日、カツオブシ買ってくるから、それでいいか？」

「いいのら。吾輩、それで手を打つのら」

「わかった」

抗助はゴクゴクと水を飲むと、ドサッと横になって目をつぶった。ときどき眉間にしわを寄せて、ふぅ〜っと息を吐いた。ネコが面白そうに抗助の顔を見ている。

「くっそうっ」

「ほうほう、何か悔しいことでもあったのかにゃ？」

「ネコのお前に話してもわからん」

「こう見えても吾輩、人間の相談に乗るのは得意なのら」

「ほんとか？　ウソだろ。ネコじゃないか、おまえ」

抗助は身体を半分起こした。

「しょうなのら。吾輩はネコである。にゃまえはまだにゃい」

「そうかおまえ、名前ないのか。じゃあ、俺がつけてやる」

抗助はあぐらをかいて、ネコをまじまじと見つめた。

「そうだな、おまえの名前は……」

「人のにゃまえを云々《うんぬん》するまえに、まずは自分のにゃまえをにゃのるが礼儀というものなのら」

「くっ、うるせえな。だいいちおまえ、人じゃないだろ。俺の名前は、薮崎《やぶさき》抗助だ。こう見えてもプロボクサーだ」

「プロボクサーって何なのら？」

「プロボクサーっていうのは……リングの中で人前で本気で殴り合って、どっちが強いか勝負する仕事のことだ」

「殴り合うのか、痛くないのか」

「そんなこと言ってたらこれはできねえ。どっちが強いのか、試合に全てをかけて挑む、男と男の勝負、それがボクシングってもんだ」

「全てをかけるにょか？」

「そうだ。俺はそのために全てを捨てて生きてきた。ジムと家の往復、そして試合のときの後楽園《こうらくえん》ホール。それ以外俺は知らねえ」

「なんも知らんにょか？　オイシイものとか楽しいところとか」

「そんなもの必要ねえ。無駄なものを全部削《そ》ぎ落としていかないと生き残っていけない、そういう世界なんだここは。みんなそうだ、そういう奴らが命を削ってしのぎあっているのがこの世界なんだ」

「恐ろしい世界なのら」

「まあな。一応俺は日本のランキングに入っていて前は一位だったけど連敗して……今ちょっと落ちて八位だ。くっそう、絶対にまた這《は》い上がってやる」

「本気で殴り合ったら、死んでしまうことはないのか」

「死ぬのが怖くてボクシングができるか。俺より強いやつがいる。それが許せない。勝てれば死んでもいい。それがボクサーってもんだ」

「恐ろしいの、まあ吾輩には関係ない世界なのら」

「ネコには理解できねえだろう。俺は自分が本当に強い人間だって証明しなきゃならねえんだ。だから俺は死ぬまで戦い続けるんだ」

「大変な人生じゃあの。お疲れ様なのら。早くラクになれるとええんじゃがの」

「ラクになったときは死ぬときだ」

「おみゃさんは一回死んだ方がいいかもにゃ」

「俺はしぶといぜ。簡単に死なないぜ、ふふふ」

「確かにしぶとそうなのら」

「俺がおまえの名前を決めてやる。そうだな……おまえの名前はブサオだ」

「ブサオ？」

ネコは不思議そうな顔をして首をかしげた。抗助はそれを見てちょっと嬉しくなった。

「ブサオとな……はて、そのココロは？」

「ブサイクだからブサオ。名は体《たい》を表す。いい名前だ。ははは。ちなみに俺のリングネームは『ジャッカル』だ。ジャッカル藪崎、それが俺だ」

「ほうほう、なかなか、いい名前なのら」

ブサオもニッと笑った。

2

「で、ブサオ、何だっけ？」

「しょうしょう、おみゃさんの悩みを話してみって言っておったのじゃ」

「う～ん、ネコに話しても仕方ねえし」

「うんにゃ。ネコの方が話しやすいこともあるのら」

確かに、そういうこともあるかもしれんな。

「じゃあ言おう。まあ、今日、仕事でのことなんだが……」

「殴り合うのが仕事ではなかったにょか？」

「ああ、それだけじゃ食っていけないからスーパーでバイトしてるんだ」

「スーパーとな、で？」

「俺は野菜売場の担当なんだけど、主任がいちいちうるせえんだ」

「何がどううるせえのら？」

「俺が並べた野菜がまっすぐ並んでないとか、新しいやつが手前に出てるとか、いちいち細かいことをチクチク言いやがって……むかつくんだ」

「ほうほう」

「今日もパイナップルをスライスしたら、厚みが均一じゃないとか文句言いやがって。んじゃ、自分でやりゃあいいだろうが」

「ほうほう」

「ジムでも……スパーで藤田《ふじた》のやつ、足ばっか使いやがって」

「スパーってにゃんじゃ？」

「ああ、ヘッドギアとでっかいグローブつけて殴り合う実戦練習のことだ。俺は次の試合が近いからスパーいっぱいやって目慣らしておかなきゃならねぇんだ。なのに藤田のやつ俺から離れて遠いとこからペシペシ……」

「フジタというのは？」

「ああ、藤田は今うちのジムの出世頭で、日本三位まで上ってる二一歳の若いやつだ。小学一年からウチのジムにきてるんだ。今じゃランキングまで抜かれちまった。クッソー」

「フジタ君はすごいのら」

「やっぱガキの頃からやってるのは伊達じゃねえ。やつは高校のときインターハイと国体で三位になったこともある。話せばガキなんだけどな」

「ほうほう」

「ボクシングはなかなかやりやがる」

抗助は、今日藤田に言われたことを思い出した。

「やぶさん、ボクシングは喧嘩《けんか》じゃないっす。ボクシングはアートっす。もっと冷静にならないとパンチ全部まる見えっすよ」

くっそう、てめえ、誰に向かってモノ言ってんだ。俺はお前が三歳のときからやってんだ。次は負けねえ。ロープ背負わせてボコボコにしてやる。

抗助は拳《こぶし》を握りしめた。

「で、今日一番アタマにきたのは影山《かげやま》のヤロウだ」

「ほう、カゲヤマとな」

「影山のヤロウ……」

抗助は空中を睨《にら》みつけ、拳をにぎった。

「カゲヤマ君とは？」

「ああ、影山のヤロウは魚担当のヤツで、自分が正社員になりたいもんだから何かとチクって足を引っ張りやがるんだ。俺は正社員なんてどうでもいいのに。俺はボクサーだ」

「ほうほう」

「今日も、俺が並べたほうれん草とミニトマトを色がくすんでるとかしおれてるとか主任に言いつけやがって。おかげで午前と午後、二回も並び替えさせられたんだ。うちのスーパーの客は年寄りばっかだから、そんなとこまで見えてねえっつの。あのヤロウ、顔を思い出しただけでムカつくぜ。こんどなんか言いやがったらぶっとばしてやる」

抗助はにぎり拳をブルブル震わせた。

「年寄りをナメたらいかんのら」

「うるせえ。今日も帰り際のミーティングで『品出しが雑な人がいます』としゃあしゃあ言いやがって……俺のこと言ってやがるんだ。許せねえ。睨んだら目そらしやがった。男なら目を見て言えよ。逃げるなよ。卑怯《ひきょう》モンが」

「コースケが殴ったらカゲヤマ君は死んでしまうにゃ」

「まあな。プロボクサーは殴ったら捕まるんだ。拳は凶器だってよ。だから我慢してるんだ。それをいいことに影山のヤロウ……くく～っ」

抗助はドンッと机に拳を叩《たた》きつけた。お皿が音を立ててひっくり返った。脳裏に影山の細い顔が浮かぶ。そして、こっちを見て口を歪《ゆが》めてニヤリと笑った。

ブツッ
抗助の頭で何かがキレた。

「コースケ、コースケ！」

「な、なんだ？」

「鼻血、鼻血！」

「お、おお」

抗助は袖で鼻血をぬぐった。くっそうまただ。

「抗助、これ、抗助……。深呼吸をするのら。まず、おみゃさんがやることは、冷静になることじゃ」

「冷静に……なる」

「しょう、おみゃさんは爆弾なのら」

「爆弾？」

「なにかあるとすぐに火がついてドッカン！　大爆発にゃ」

そういえば藤田も言っていた。

「やぶさんはパンチもらった後、顔が変わるからすぐわかるんです。そしたらパンチは大ぶりだし、単発だし、頭しか打ってこないし、すっげえ読みやすいっす。もっと

冷静にならないと」

「ま……否定はできねえな」

「それは『怒り』の感情なのら」

「その通りかもしれん」

「まずは、自分がどのくらい『怒り』に振り回されているか、それを知ることから始めるのら。『怒り』に振りまわされていると、とっても疲れるのら」

確かに疲れる……パンチも当たらないし。

「まずは、自分を観察してみるのら。明日、ここを出てから自分が『カチン』ときたら、それをメモしてみるのら。何時何分、どんなことで『カチン』ときたのかを。そして『カチン』の強さを数字で表してみるのら。最高十から一までなのら」

「めんどくさいな。なんでそんなことしなきゃならねえんだ」

「おみゃさん、もっと強くなりたいんじゃろ」

「ああ」

「じゃったら、やってみるのら。ホントに強いやつには『怒り』では勝てないのら」

こいつ、なかなかいいこと言いやがるぜ。

「わかった。やってみる。だがな、ブサオ、お前に言われたからやるんじゃないぜ。

俺が必要だと思ったから、やるんだ」
「しょんなことは、わかっているのら」

抗助の宿題

1

〝カチン〟ときたときメモを作る。
時間・内容を書き、数字で判定してみる

3

翌日、夜九時ごろ、抗助が帰ってきた。

「おお、遅かったの〜。吾輩、おなかペコペコなのら」

抗助はリュックから黙々と真空パックのカツオブシを取り出した。

「おお〜」

「俺は約束は守る」

抗助はネコマンマを作り、自分はまた野菜パックを取り出した。

「コースケ、しょんなんで力でるにょか？」

「今日はジムでプロテイン飲んだからいいんだ。もうすぐ計量だし」

「計量って、なんなのら？」

「ああ、試合の前日に体重測るんだよ。ボクシングは体重制なんだ。同じ体重に合わせるんだ。いくら俺が強くても体重100キロのやつには勝てねえ。オレはバンタム級だから53・5キロ以下に落とさなきゃならねえんだ」

「大変じゃのう」

「同じ体重のやつに負けるわけにはいかねえ」

ブサオはおいしそうにネコマンマを平らげた。

「しゃて、宿題はどうじゃった?」

抗助は無言でリュックの中からなにやら書き込んだ紙を取り出すと、ブサオの前にバサッと放り投げた。

「吾輩、字は読めんぞなもし。悪いが読んでくれんかの」

「あ、ああ」

・七時半頃、朝の電車で隣のオヤジが肩を押してきた。ムカついたので押し返した。俺の圧勝。——3
・同じく、数分後の通勤電車。後ろから誰かが背中の真ん中を荷物で圧迫してきた。身体の角度をずらし、かわしてから逆に俺のリュックの角で反撃。そのうち相手はいなくなった。これも俺の圧勝。——3
・同じく、数分後の通勤電車。駅で乗り込んできたヤツらがギュウギュウ押してきたので、全部受け止めて押し返す。ちょっと疲れたが、これも俺の勝利。——4
同じく、数分後の通勤電車……

「ストップにゃ！　朝の電車だけでどれくらいカチンときてるのら、おみゃさんは？」

「……あと、六つある」

「朝の電車はもういいのら。次なのら」

抗助は紙に視線を移して読み始めた。

・朝、主任に挨拶をしたが、会釈《えしゃく》だけで返事なし。ちょっとむかつく。――3
・8時半頃、トラックの運ちゃんが入荷で書類を持ってきた。俺のサインが欲しいらしかったが、頼み方が人にモノを頼む言い方じゃない。俺も返事をしないでサインだけしてやった。――4.5
・9時頃、主任に今度入荷する新しい果物のことで説明を受ける。言葉の端々に俺をバカにしているような感じを受ける。ムカつく。ときどき、睨んでやった。――3.5
・11時半頃、昨日終わったキウイの特売のことでじじいが「値段が上がった」とか、いちゃもんつけてきやがった。特売は昨日で終わってんだろうが。――4
・12時頃、昼食。減量中だからイモと野菜と水。これ見よがしに焼き肉弁当食ってるやつにムカつく。俺の前で肉食うんじゃねえ。――5.5

・13時半頃、明日からくる新入社員が店に挨拶に来た。「あなたが有名な薮崎さんですね。うわさはかねがねうかがっています」とか言いやがった。なんのウワサを聞いていやがるんだ。ナメたこと言いやがったらブッとばす。——5

・16時頃、休憩室で影山を見かけた。ひとこと言ってやろうと思って追っかけたが、逃げられた。——8

・16時半頃、主任から「もっと周りと仲良くやってくれ」と言われた。仲良くやりたくても、そうじゃない態度《たいど》を取ってるのは向こうだと言ってやった。ホントにむかつく。——8.5

・仕事帰りに最近入ったバイトの女の子が栄養ドリンク持ってきた。頭の中がボクシングのことでいっぱいだったから適当にあしらった。——4

・18時、ジムで会長から「藤田が今度のお前の相手にスパーに呼ばれた。まずは藤田に情報収集してもらう」とか言ってきやがった。今度の相手が強いのはわかってる。情報なんて必要ねえっつうの。余計なことするな。——7

・20時、練習後に体重測る。予定よりコンマ1キロオーバー。くっそう、計量まであと7日だってのに。自分にムカつく。——9

・20時半、帰りの電車で横のババアが……

抗助の話はそれからも延々と続いた。紙が五枚を超えたところで、抗助は言った。

「以上だ」

「ほうほう〜、おみゃさんは、よくもまあ、一日でこんなに腹を立ててるにょ〜」

「俺も、そう思った」

「今日、帰りの電車内でこれをまとめたんだけど……俺は朝からこんなに腹を立ててたんだ……とちょっと恥ずかしくなった」

「ほうほう〜恥ずかしくなったとな」

「でも、今、これを読んでたら、また、ムカついてきた。おい、ブサオ、これにいったい何の意味があるんだ？」

「ある、すごく、意味のあることなのら」

「何が」

「コースケ、ホントに強いヤツに勝つには、まず己に勝たねばにゃらん」

「そんなのわかってる。そもそも自分に勝てない奴は体重なんて作れん」

「そうじゃないのら。ここで言う己に勝つというのは、頭にきて爆発してしまう己に勝つということなのら。コースケ、おみゃさんはどうだったのかの？」

えっ？

「おみゃさんは自分に負け続けなのら。『嵐の中の小舟』なのら。おみゃさんの書いたメモ、特に職場でのメモ、もう一度、よく見てみるのら。おみゃさんにかかわってきた人たちは、おみゃさんに何をしたのら？　最初から読んでみ」

「えっと、主任は挨拶に返事しなかった」

「もしかしたら、朝から忙しくて返事をするゆとりがなかったのかもしれんにょ」

あ、確かに、新入荷の果物のことでバタバタしてたな……

「えっと、運ちゃんがモノを頼む態度じゃなくて」

「どんな態度だったのら？」

「えっと『よろしくお願いします』も言わなくて」

「ほうほう、でも、同じようなこと、おみゃさんもしておるのではないか？」

た……確かに。

「えっと、主任の説明で……」

「主任しゃんはおみゃさんをバカにする言葉を言ったのか？」

「いや、言っていない」

「おみゃさん、勝手にそう受け取ったのではにゃいか？」

「そ……それも、あるか……も」

「運ちゃんも主任しゃんも、今度来る社員しゃんも焼肉食べてた人も、ドリンク持ってきてくれた女の子も、み〜んな、別におみゃさんに悪いこと言ったりしたり、してないのら」

ううう

「全敗なのら」

全敗……

「おみゃさんは、周りの人たちの言葉や態度をじぇ〜んぶ攻撃として受け取るクセがあるのら」

「攻撃？」

「そうなのら。周りの人たちはぜんぜんそんなこと、思ってもいないのに、おみゃさんは**勝手に『オレのこと、バカにしてる』とか『オレをないがしろにしている』とか受け取って、そんでもって、勝手に怒りを爆発させてる**のら」

「……じゃあ、みんなそんなこと、全然思っていなかったってことか？」

「みんな、かわいそうなのら。ドリンクの女の子なんて、とってもかわいそうなのら。せっかく親切にドリンク持ってきたのに、おみゃさんに睨まれたのら」

抗助は女の子がすまなそうに休憩室から出て行く姿を思い出して、少し胸が痛んだ。

「ブサオ……どうすればいいんだ？」

「これから抗助に魔法の呪文《じゅもん》を教えるのら」

「魔法の呪文？」

「しょう、魔法の呪文なのら。明日から『カチン』ときた瞬間にこの呪文を頭の中で唱えながら深呼吸を三回するのら」

「わかった。で、その呪文ってのは何だ？」

「『待て。これは攻撃じゃにゃい。冷静に、冷静に』なのら」

「わかった。よし、やってみる。ブサオ、悪いが明日もここにいてくれ」

「もちろんにゃ」

抗助の宿題

2

〝カチン〟ときたら呪文を唱えながら深呼吸を三回する。待て。これは攻撃じゃない。冷静に、冷静に

❹

翌日、抗助は夜九時過ぎに帰宅した。

「お～コースケ、お帰りなのら、吾輩、おなか減ったのら」

抗助は無言で台所でネコマンマを作って、ブサオの前にドカッと置いた。

「で、今日はどうだったのら？」

「ああ、やってみたよ」

「ほうほう、で、どうだったのら？」

「ああ、ダメだった……できなかった」

「詳しく言ってみるのじゃ」

「はじめは、できたんだけど……」

「ほうほう、最初は、うまくできたのかにゃ？」

「ああ、二時くらいまでは何とかできたんだけど……ダメだ、減量中はイライラがおさまらねえ」

「ほうほう、二時くらいまで……で、おみゃさん、何をしでかしたのら？」

「ううう、主任に怒鳴《どな》っちまった」

「ほうほう、どういうことなのら？　言ってみ」

「四時頃か、俺はもういつもの俺に戻ってしまってて……俺が並べたほうれん草と白菜を見た主任があれこれ言ってきて……我慢できなくって」

「ほうほう、で、何と言ったのら？」

「そんなに言うなら、あんたがやれよ、って」

「ほうほう、やるのう〜。で、主任さんはどんなだったのら？」

「最初はびっくりしていたが、笑いながら、これはヤブちゃんの仕事だから、もういつかい丁寧《ていねい》にやりなさいって」

「ほうほう〜、その主任さん、なかなかやるのう〜」

「え？　どういうこと？」

「普通、おみゃさんみたいな『触るな危険』にからまれたら、びびってしまうか、あるいは同じように怒鳴り返すのが普通なのら。おみゃさん、殴るのが仕事だしの」

「あ、確かに」

「でも、その主任さんは、頭に血が上っているおみゃさんに対して、冷静に言うべきことをきっちりと言ったのら。これはなかなかできないことなのら。少なくとも、おみゃさんより、ウツワが大きいのら」

「ウツワって、入れ物のことか」

「しょう。人間としてのウツワなのら。その主任さん、自分の感情をコントロールしておみゃさんを受け止めること、できているのら。今のおみゃさんでは、逆立ちしても敵《かな》わないのら」

「主任に……負けた……」

「でも、おみゃさんもよくやったのら」

「俺が？」

「しょう。少なくとも、二時ごろまではがんばったにゃ」

「いや。一日続けられなかったんだからダメだ。全部できなければ意味がない。できなかった自分が許せん」

「しょんなことはない。はじめからちゃんとできることは、まずないのじゃ」

「いや……でも」

「コースケ、にゃんで二時過ぎからできなくなってきたかわかるかにゃ？」

「それがわかりゃ、苦労しないぜ」

「吾輩たちの身体の中にはアジョレナリンという物質があるのら。頭に血が上ると、このアジョレナリンが血の中にドバーッと出る」

　アジョレナリン……あ、アドレナリンのことか。すごいなブサオ。なんでそんなこと知ってんだ。

「このアジョレナリン、一回ドバーッと出ると、すぐには消えにゃいのら。しょう、二時間くらいは血の中を漂っているのら」

「ほ〜っ、それで？」

「つまり、一回出たアジョレナリンが消える前に、また『カチン』とくると、また、アジョレナリンが出て濃度が上がる。しょして、これが消える前にまた『カチン』とくるとまた……」

「あ……」

「しょうなのら。おみゃさんの血、時間が経つほどアジョレナリン濃度が濃くなっていくのら。じゃから、二時過ぎると『触るとドカン』になっているのら」

「ううううう」

「ちなみに、おみゃさんみたいな『触るとドカン』は早死なのら」

「どういうことだ？　なんで俺が死ななきゃならねえんだ」

「たいていは心臓か脳が詰まるにゃ」

「心臓と脳が……何でだ？」

「しょんなこと、考えなくてもわかるのら。『カチン』ときたら、ドドドッと心臓の鼓動《こどう》が早くなるのら。すると、血管が詰まりやすくなるのら、で、血管詰まってドカンとあの世行きなのら」

「ううう、死ぬのは恐くねえ……が……ドカンはイヤだ。ブサオ、教えてくれ。俺はどうしたらこの爆弾、外せるんだ？」

『カチン』ときたら、『ありがとう』って言ってみるのら」

「は？　何だって？」

「じゃから『カチン』ときたら、深呼吸をしながら『ありがとう』って言ってみるのら」

「意味わかんねえ。なんで俺が『ありがとう』って言わなきゃならねえんだ？」

「その音は、おみゃさんのちっちゃなウツワが外の出来事とぶつかって出る音なのら。おみゃさんの『ウツワの限界』を教えてくれる大事な音が『カチン』なのら」

「大事な、音」

「じゃから自分のウツワの限界を教えてくれて『ありがとう』ってお礼を言うにゃ」

「ううう……言えねえ……言いたくねえ……絶対に言わなきゃいけねえのか？」

「心の中で言えばいいのら」

「心の中なら……言えそうだ」

「心がざわめく、心が揺れる、心が『カチン』と音をたてる。これ全て、自分を知るための大事な音なのら。自分を知ればコントロールできる。自分を知らなければコントロールできない。これ、ネコでも知ってる当たり前のことなのら」

「ううう……わかった。やってみる。ブサオ、もう少し、ここにいてもらってもいいか？」

「もちろんにゃ。んじゃ、明日からはデラックスネコ缶がいいのら」

「わかった。買ってくる」

抗助の宿題
3

〝カチン〟ときたら、深呼吸をしながら、こころの中で〝ありがとう〟を言ってみる

5

翌日、抗助はデラックスネコ缶を手にぶら下げて帰宅した。

「ブサオ、帰ったぞ」

抗助が袋を逆さにすると、デラックスネコ缶がゴロゴロと転がり出た。

「おお〜っ、うまそうなのら。吾輩、すぐ食べたいのら」

「待て待て、今、開けてやるから」

「いただきますなのら〜」

ふう〜……珍しく抗助がため息をついた。

「にゃんかあったのか？」

「藤田が昨日のスパーで眼窩底を折られた。あの藤田がたった2ラウンドでブッとばされたらしい。全治三ケ月だそうだ。藤田をやったのは俺が次やるヤツだ。正直、ムチャクチャ強え。将来世界は確実に取るって言われてるバケモンだ」

「しょれは恐いのう」

「恐くはない、が、やっぱ負けたくねえ。このままじゃ勝てねえ、死ぬかもしれねえ。

次の試合ネットでも生中継されるし……すっげえ注目されてんだ、もちろん相手が。だからこそ、この試合は俺にとっては世界タイトルマッチなんだ」

抗助は拳を握った。

「力入っとるのう。おみゃさんは力が入りすぎなのら。力を抜くにゃ」

「ストレッチくらいやってる」

「ホントに強いやつには、怒りでは勝てないのら」

「それはわかった。じゃあなんだ？　どうやったら勝てるんだ？」

「愛なのら」

「は？　愛？」

「自分と相手に対する愛なのら」

「バカ言え、愛で勝てるか。そんなんじゃ力が入らねえ」

「力を抜くのら。愛でパンチを打つのら」

「はあ？」

「見るのら」

ビュンビュンビュンビュン、ブサオの身体がムチのようにしなる。

み、見えねえ……すげえな、これは世界クラスの動きだ。

「体幹を軸として、抜いて、入れる、入れて抜く、この繰り返しなのら。後は重心を変えるだけで、自由自在なのら」

ビュビュビュ〜ン
おおお〜すげえ……すごすぎる。

「パンチも同じにゃ。拳はオモリ、腕はヒモ、身体のしなりでオモリを振るのら。そして、愛を込めて、打つべし！」

「愛を込めて、打つ……」

「愛が入れば、ネコパンチでも威力あるのら」

「こ、こうか？」

「違う、もっと肩を抜くのら」

「おお、こうか？」

「しょうしょう。もっとグネグネするのら。ホネ無しなのら。液体、そう、水になるのら」

「水……こうか？」

「しょうしょう。その動きにパンチつけると、ザ・ネコパンチにゃ」

「こうか？」

「しょうしょう！　うまいぞコースケ！」

「おお、なんだか勝てる気がしてきた」

「その調子なのら」

「サンキューブサオ、今度の試合で使ってみる。それから、昨日のやつ、結構できたぜ」

「ほうほう〜、それはすごいのら〜、すぐにできること、めったにないのら〜」

「ああ、最初ちょっとてこずったけどな」

「で、どうだったのら？　もう少し、詳しく、聞かせてほしいのら」

「ああ、まず朝の電車内でやってみたら、ほとんど腹が立たなくなったんだ。不思議だ。ホントに不思議だ。俺を押してきたヤツらも、きっとそれなりに理由があったんだろうって思えるようになって。いや、ホントに不思議だ」

「ほうほう、すごいの〜。よくぞそこまでの気づきを深めたのら」

「い、いや、まあ、それから職場でもほとんど腹が立たなかったんだ。影山に会っても平気だった」

「ほうほう〜、それもすごいのら。コースケ、今日一日で何か気づいたことはあるかにゃ？」

「気づいたこと？」

「しょう。気づいたことなのら。自分の心と向き合ってみて、気づいたことなのら」

「ん～そうだな～。あっ、あった」

「ほうほう、聞かせて欲しいのら」

「いやなに……俺、気づいたんだ。俺は周りの人たちの言葉や態度を攻撃と受け取っているって話。周りの人はぜんぜんそのつもりはないのに、俺が勝手に怒ってるってやつ」

「ほうほう～」

「ブサオ、お前が言った通りだったんだ」

「ほうほう～」

「今日、それがはっきりわかった。誰も俺を攻撃なんかしちゃあいない。主任も先輩も運ちゃんも……影山もそうだったんだ。それをオレはいちいち『カチン』って反応して……俺は恥ずかしい。自分が恥ずかしい。なんてちっこい男だったんだって……すぐカチンって反応ばっかり。自分がイヤになる。何で俺はこんなにもちっこくて、気が短いのか」

「それはの、人は経験によって作られるからなのら」

「経験？」

「コースケ、おみゃさんはどういう親に育てられたのら？」

「親？」

「そう、親」

「……俺に親はいねえ」

「いないって、木の股から生まれたわけでもあるまいし」

「俺が生まれたとき、もうすでに父親はいなかった。母親は五歳のとき、俺を捨てて消えた」

「にゃんと、猫でも子どもは捨てないと言うに」

「だから俺は強くなるしかないんだ。強くならないと生きていけないんだ。こんな俺でも、親からいらねえって捨てられた俺でも、強ければ生きていいんだ」

「強くなる、とな」

「そうだ、強くなって見返してやるんだ、みんな全員、全員だ。俺を捨てた母親、俺をバカにしたやつら全て、全員だ」

「見返すとな」

「だから俺は強さを証明しなければならないんだ。周りのヤツと、何よりも俺自身に」

「おみゃさんは強さをわかってにゃい」

「誰に言ってんだ？　ボクサーの俺にそれを言うのか？」

「ホントの強さとは、自分を認めることから始まるのら」

「自分を認める？　俺は自分を認めてるぜ。俺は強い。少なくとも普通のヤツらよりは」

「うんにゃ。コースケは認めてにゃい。強い自分しか認めてにゃい。弱いコースケ、情けないコースケはどこにいる？」

「弱い俺……？」

「**自分を認めるというのは、全部の自分、弱いコースケ、情けないコースケも含めて、全員の自分を認めるということ**なのら」

「全員の自分？……わかんねえ」

「コースケ、おみゃさん、写真持っとるか？」

「写真？」

「しょう。おみゃさんが子どものころの写真」

「ああ、あるけど」

抗助は押入れをガサゴソすると、古ぼけたフォトアルバムを持ってきた。

「子どものころの写真はこれしかねえ」

そこには幼い抗助が、精悍《せいかん》な青年と並んでファイティングポーズをしていた。

「この強そうな人は？」

「これは坂口《さかぐち》さん」

「坂口しゃんとは？」

「伝説の日本チャンピオンだ。俺が入れられた児童養護施設に坂口さんが来て、ミット持ってくれたんだ。坂口さんも施設出身で、いろんなとこ回って俺らみたいなやつらにミット持ってくれたんだ。それで俺も坂口さんみたいになりたいって……なにくそ、俺もやってやるって」

「コースケ、その写真の自分の顔をよ～く見るのら」

俺の顔……痩《や》せてチビだった頃の俺……誰も信用できないで、みんな敵だと思っていて……毎日が戦いで……友達なんてひとりもいなくて……

「電気を消すのら。これからすること、暗くしたほうが、集中できるのら」

「あぁ、わかった」

「目をつぶって深呼吸するのら。身体の感覚に耳を澄ませるのら」

身体の感覚……

すう～はあ～

すう〜はあ〜
こころがゆったりとしてきた。
すう〜はあ〜
すう〜はあ〜
静かに……ひっそりと……呼吸の音だけが静かに虚空に響いている……
すう〜はあ〜
すう〜はあ〜
「子どものころを思い出すのら」
子どものころ……
突然、真っ赤な口紅とパクパク動く大きな口が現れた。
キンキンとした金切り声が脳裏に響いた。
「お前のせいだ」
ヤツだ。俺を捨てたヤツ。
「お前が生まれたせいで」
甘ったるい香水と、くすんだ畳《たたみ》のカビくささが鼻につく。
バチン

ほっぺたが痛熱くなる。

「お前なんか産まなきゃよかった」

バチン
口の内側が切れ、鉄臭い血の味が広がった。思わず顔をそむける。

「逃げんじゃねえよ」

バチン
顔を手で隠す。

「ムカつく！」

ドスッ
胃につま先が刺さる。鋭い痛み。

ううう……うずくまる。

「おらおら！」

ズシッ……上から踏みつけられる。

「やめて……やめて」

「うるせえ、しゃべんじゃねえ！」

ドカドカッ……さらに踏みつけられる。痛い、背中が痛い。

カメだ……カメになるんだ。この嵐がおさまるまで……

しばらく背中の痛みに耐えていると、ドスドスと足音が遠ざかっていく。

終わった……でもカメのまま動けない。恐い、動くのが恐い。身体が石のように固まったまま、ピクリとも動けない。

「いるのら」

「え？」

「目の前に、あのときの自分がいるのじゃ。時間が止まったまま、そこにいるにゃ」

抗助の目の前に、カメのように丸まって小さくなっている自分がいた。

これが俺……

「なんか言ってあげるのら」

「俺が？　コイツに？」

「その子のことをわかってあげられるのは、世界でたったひとり、おみゃさんしかいないのじゃ」

抗助は、おずおずと話しかけた。

「……お、おい、大丈夫か？」

その子が顔を上げた。風呂にも入ってないんだろう、薄汚れた顔の目の周りに涙のシミがたくさん残っていた。ビンタで赤く腫れ上がったほっぺたが痛々しい。

その子と目が合う。目の奥から何か言葉にならない言葉が伝わってくる。

……そうだ、泣きたかったけど泣けなかった。恐いけど恐いって言えなかった。必死だった、毎日必死だった、必死に生きていた。

なんで……なんで……

俺はこの世界を呪《のろ》った。こんな世界に生まれた俺自身を呪った。

こいつは俺だ。忘れていた俺、いや、忘れてしまいたかった弱い俺、情けない俺、こいつは俺だ、俺自身だ。

なんも、言えねえ……

「その子はずっとそこに小さく丸まっていたのら。その子の時間は止まっていたにゃ。その子はずっとそこでカメになっていたのじゃ。今ここでその子を助けてあげないと、ずっとそこから出られないのら」

……なんて言えば……いいんだ？

「その子は、大人になったコースケに見つけてもらうのを待っていたにゃ」

お……俺に……

その子は抗助を見て、無表情に言った。

「僕が死んだら、お母さんが喜ぶんだ」

死……

「受け止めるのら。全部、まるごと、受け止めるのら」

……受け止める……この子を……抗助の心の中で固く閉じていた大きな黒い門が、静かにゆっくりと開いていく。

「誰も僕のことなんか、気にしてないんだ」

黒いシミのように、あのころの苦しかった想いが吹きあがってきた。

そうだった、つらかった……

「どうせ、誰もわかってくれないんだ」

そう、誰もわかっちゃくれなかった。

「弱いところを、見せちゃいけないんだ」

そうだった、弱みを見せたら、すぐビンタだった。

「つらいって言っちゃいけないんだ」

そう、つらいなんて、絶対口にできなかった。

「僕が……」

「僕が？」

「……僕が、ぜんぶ悪いんだ」

ちがう!!

悪いのはお前じゃない！

心の中で誰かが叫んだ。

お前は悪くない!!

「僕なんか、死んだほうがいいんだ」

違う!!

「僕は……生まれちゃいけなかったんだ」

違う！

「僕は……生きてちゃいけないんだ」

抗助は思わずその子を抱き寄せた。

「違う!!！　生きていいんだ！　お前は……お前は、生きていいんだ！」

その子が顔を上げ、抗助を見た。

「……いいの？」

「なにが」

「生きて、いいの？」

「当たり前だ！　いいんだ、生きていいんだ」

「ほんとう？　ほんとうにいいの？」

「弱くてもいいんだ、ダメでもいいんだ、情けなくてもいいんだ」

「いいの？」

「いいんだ、みんな弱い、俺も弱い、強いだけのやつなんて、ひとりもいない」

「ほんとう？」

「ほんとうだ、これから、お前は生きるんだ！」

「ほんとう？　ほんとに？」

「ああ、ホントだ。俺はお前だ、お前自身だ。その俺が言うんだ。間違いねえ、お前はこれから生きるんだ。生きて、生きて、生きまくるんだ」

「うん……わかった。僕……生きる」

「そうだ、俺を信じろ。そんな暗いとこから出て、こっちの明るいとこへ来い！　守ってやる、俺がお前を守ってやる！」

「うん」

抗助はその子を優しく抱きしめた。

「あったかい……ありがとう」

その子は腕の中で、静かに光となって消えていった。

抗助は静かに目を開けた。

「ブサオ、俺、本当の強さがわかった」

「生きるのら、ほんとうのおみゃさんの人生を」

「おう、俺は生きる、俺の人生を」

6

「こんばんは。今日は日本ボクシング界の注目選手、将来の世界チャンピオン確実と言われている中本《なかもと》選手の五戦目を、後楽園ホールから生中継でお送りいたします。解説はボクシング界の生き字引と言われているジョー大泉《おおいずみ》さんです。ジョーさんよろしくお願いします」

「よろしくお願いします」

「早速ですが、ジョーさん、中本選手のご紹介をお願いします」

「はい、中本選手はアマチュアで高校七冠、高校生のときに社会人まで含めた全日本選手権でも優勝しているという逸材《いつざい》です。これを成し遂げたのはモンスターと言われている井上尚弥《いのうえなおや》選手以来です。今日は中本選手がどんな戦いを見せてくれるか楽しみです」

「ジョーさん、今日対戦するジャッカル薮崎選手とはどういう選手なのでしょうか」

「ジャッカル薮崎選手はとても頑丈で気持ちの強い選手です。負け数はそれなりにありますが、KO負けはおろか一度のダウン経験もありません。中本選手はすぐに日本タイトルマッチに挑戦できる資格があったのですが、その前に絶対に倒れない相手ということで薮崎選手を指名しました。絶対に倒れない薮崎選手を倒すということが、この試合の目標だそうです」

「ジョーさんの予想はどうでしょうか」

「ボクシングは予想するのが難しい競技ですが、両者のスピード、そしてパンチ力を考えると序盤決着、4ラウンドまでに中本選手がノックアウトするというのが一般的な見方でしょう。でも薮崎選手はとても気持ちが強い選手なので、簡単には倒れないと思います。プロキャリアも中本選手が5戦目に対して薮崎選手は32戦目と6倍以上です」

「ベテランですね」

「はい、薮崎選手は三四歳、敗れはしましたが日本タイトルの挑戦経験もあります。

この経験もあってタフで気持ちの強い薮崎選手を中本選手がどう倒すか、というところが見どころです」

「では試合を見てみましょう」


こいつか、こいつが中本か……

強いやつは立ち姿でわかる。立ってる姿が美しい。猫背の俺とは大違いだ。

レフェリーの合図でリング中央に歩み出し、グローブを合わせて試合前の挨拶をする。

一九歳。藤田よりもさらに二歳も若い。顔はまだ子どもだ。だが、やっぱり違う。

全身から放たれているオーラっていうのか、ただ者ではない感じ……ビンビン伝わってくるぜ。

だが俺も、前の俺じゃねえ。

抗助はコーナーに戻って深呼吸をした。

すう〜はあ〜

すう〜はあ〜

これを俺の最後の試合にする……これは、俺の世界タイトルマッチだ！

カーン！

試合開始のゴングが鳴った。

中本、お前が本当にバケモンか確かめてやる。

目の前で中本がリズミカルに細かく前後にステップしている。

確かに速いな……

そう思った瞬間だった、ボッという空気を切り裂く音とともに、中本の赤いグローブが大きくなった。

バチン
抗助の顔が弾《はじ》け上がった。

うおっ、はえぇー
呼吸を整えるまもなく、ズバッ！　中本の赤いグローブが空気を切り裂く。

「おお、早くも中本の強烈なジャブが顔面を捉えています」

「早いですね、薮崎はまだ中本のスピードに目が慣れてないようです。もろにパンチが直撃してますね」

ボッ！　ガッ！

いてえっ、なんだこのパンチは。石で殴られてるみたいだ。

中本のパンチが抗助を捉える。抗助は腕を上げ防御《ぼうぎょ》を固める。
ボッ！　ガッ！
中本が抗助の腕の隙間に、絶妙の角度とタイミングでパンチを打ち込んでくる。
こいつすげーな、やっぱバケモンだ。
抗助は亀のように防御を固めて小刻みに頭を振った。
ボッ！　ガッ！
突き刺すようなパンチが抗助の顔面と腹を襲う。
様子見なんて、してる余裕ねえ。
次の瞬間、コースケのガードの隙間に中本の赤グローブが炸裂《さくれつ》した。
ドカン！
瞬間、真っ白になった。
ザザー……ザザー……
あーなんか、ポカポカしてとっても気持ちがいい。
波の音が聞こえる。
あれ……俺、何してたんだっけ？
遠くで誰かの声がこだましている。

誰かが数を数えている……

ワン……ツウ……

うおっ、なんだ？

リングの床が見えた。

おおお、倒れたのか？　俺？

レフェリーが大きな声でカウントを数えている。

やべえっ。

抗助が立ちあがると、頭がクラクラした。

なんだこれ、これが効くってやつか、すげーなこいつ、やっぱバケモンだ。

今までやったやつらとモノが違う。藤田がやられるわけだ。

「ダウンです！　ダウン経験のない薮崎から、第1ラウンド早くもダウンを奪いました！」

「この試合も早いかもしれないですね」

カーン
第1ラウンド終了のゴングが鳴った。

コーナーに戻ると、耳元で会長が叫ぶ。

「ヤブ、大丈夫か！」

「大丈夫っす」

「いいか、ちょっとでもやばくなったら、すぐタオル投げるからな。選手を守る、それも俺の仕事だ！」

「わかってます」

すうーはー
新鮮な酸素が入ってくる。身体が新しくなっていく。

勝負はここからだ。まだ何もしてねえ。

カーン！

第2ラウンドのゴングがなった。

ブサオ……

『体幹を軸として、抜いて、入れる、入れて抜く、この繰り返しなのら。後は重心を変えるだけで、自由自在なのら』

俺はネコだ、ネコになるんだ！

ビュビュビュビュ〜ン
ボッ！　中本がパンチを打ってくる。

ビュンビュンビュン、抗助の身体がムチのようにしなる。

「おーなんだ！　藪崎、動きが変わりました！　中本のパンチを全て寸前でかわしています！」

……肩から体幹伝わって……肩甲骨が発射台、拳はミサイル。ミサイル発射！

ズドン
目にも止まらぬ速さで中本の顔が弾け上がった。

なんだこのスピードは！

中本の驚いた目がそう言っていた。

「ああっ！　藪崎のパンチが当たりました！」

「速い！　今までと全然速さが違います！　スピードが三段階ぐらい上がりました」

「動きも違います、何だか動物っぽい、そう、ネコ、ネコ、のようです。ジャッカルがネコになりました！　まさにネコパンチ！」

「ネコパンチといえば……一九九二年、ユーリ・アルバチャコフがムアンチャイからタイトルを奪った試合の前座でアメリカの俳優が試合をしましたが、あのときのネコパンチとは威力もスピードも全然違います。これが本物のネコパンチなのかもしれません！」

当たる、当たるぜブサオ、おれのパンチが！
『拳はオモリ、腕はヒモ、身体のしなりでオモリを振るのら』
にゃー‼
ズドン！
中本の顔が歪《ゆが》む。
『そして、愛を込めて、打つべし！』
にゃー‼
ドカン‼
瞬間、中本がひっくり返った。
「ダウ〜ン‼！　ダウンです‼」
おおおおおおおお〜‼
うなりのような歓声がホールを包み込む。
「プロはおろか、アマでもダウン経験のない中本がダウンしました‼」
立ち上がった中本の足がふらつく。
「効いてます！　中本、足にきてます！」
どうだ、ザ・ネコパンチ！

立ち上がった中本と目が合う。

中本は抗助をまっすぐ見て、弾けるように笑った。

おお、笑ってやがる……

おもしれえ!!!

ふたりはリング中央でぶつかり合った。

にゃー!!


「ついに、最終回、第10ラウンドです！　両者それぞれ3回ずつ、計6回ものダウンが交錯する、ものすごい試合になってきました！　誰がこんな死闘を予想できたでしょうか！」

「ええ、戦前の私の予想では中本が薮崎を序盤にKOすると思ってましたが……これだからボクシングは面白いんです！」

ラストラウンド！

カーン!!!

ホールにゴングが高らかに響き渡る。

トン……中本とリング中央でグローブを合わせる。

中本、お前はすげえぜ。俺はここに来るまで一七年もかかっちまった。中本、いい笑顔だ。

「笑っています！　ふたりとも笑いながら戦っています！　ジョーさん私、こんな試合は見たことがありません！」

「ええ、片方どちらかが笑うことはときどきありますが、ふたりともこんなに楽しそうにボクシングをしているのは、私も長い間見てきましたが初めてです」

「ほんとうに楽しそうですね」

勝ちも負けも関係ない、魂が喜んでいる、それだけで俺はもう十分幸せだ。

「このふたりには勝ち負けというものが感じられません。ボクシングをするという行為において満足し、喜んでいる、そんなふうに私は感じます。目の前にいるのは敵じゃない、好敵手と書いてライバル、友なのです。このリングという舞台の上で一緒に芸術を創る友なのです」

ドカッ
なんだこの感じは……殴っているのに心地がいい。

ゴキッ
うおっ、殴られているのに気持ちがいい。

ドスッ
チクショウ、悔しいけど、楽しいぜ！
ゴンッ
悔しいけど、嬉しいぜ。
ズドッ
ブサオ、わかったぜ。こいつは俺だ、俺と同じだ。
ガゴッ
今この瞬間、俺と一緒にいる。俺と生きているんだ！
ズシッ
わかったぜ、ブサオ、**怒っているやつは、楽しんでるやつには勝てねえ！**
ミシッ
そして、**楽しんでいるやつは、愛しているやつには勝てねえんだ！**
バキッ
そうか、これだ、これが愛で殴るってやつなんだ！
ドカッ
最高だ、最高だぜ中本、お前は最高だ！

ガギッ
愛してるぜ、中本！
ゴゴゴゴゴ～ッ！
地鳴りのような歓声がふたりを包み込む。
俺たちは生きてる、これが生きるってことだ！
中本が……リングが……光に包まれていく。
光……
そうだこれだ！
俺はこの瞬間を味わうために、ここにいる！
ホールが光の柱になっていく。
いま、俺は生きている！
俺は、この瞬間のために生まれてきた！
全てが光に変わっていく。
ありがとう！
俺を産んでくれてありがとう！
ありがとう！　母さん！

7

「あ〜ヤブちゃん、試合終わっちゃったよ〜」

休憩室のテレビには、チャンピオンベルトを腰に巻いた中本が映っていた。

「あっ主任、すいません、ちょっと明日の品出しに時間かかっちゃって」

「今日くらい適当でいいのに」

「いえ、俺、今まで散々みんなに迷惑かけてきたんで」

「こいつお前といい勝負だったやつだろ、本当にもうやらないのか？」

「いいんす、俺もう戦う理由がなくなったんす」

リング上には、傷ひとつない顔で中本が笑っていた。

「世界タイトル獲得おめでとうございます」

「ありがとうございます」

「今日も無敗の世界チャンピオンをたった2ラウンドで倒してしまいましたね。これで10連勝、KOできなかったのは5戦目だけ、まさに無敵の強さですね」

「この試合を組んでくれた会長や、応援していただいている皆さんのおかげです」

「しかし中本選手は本当に楽しそうにボクシングをしますね」

「はい、楽しいです。もう楽しくて楽しくて。僕はボクシングするために生まれてきたんです」

「おお！」

「それを思い出させてくれた恩人《おんじん》がいます。カメラどれですか、あーこれですね」

中本はカメラを見た。そして言った。

「薮崎さん、ありがとうございました。俺いま最高に生きてます。今度焼肉食べに行きましょう！」

「ヤブちゃん、お前のこと言ってるぜ」

「ええ、まあ」

そう、俺はもう誰にも何も証明しなくていい。

俺は俺、それでいい。

ブサオ、俺は今、幸せだぜ。

「お、いいな、焼肉か。行くのか？」

「行きますよ。もちろんコイツのおごりで」

今日もネコが誰かの前に現れる。

吾輩はネコである。名前はまだにゃい。おみゃさん、幸せか？

刀根　健（とね・たけし）

一九六六年千葉県出身。心理学をベースとしたコミュニケーションやリーダーシップの研修講師、およびボクシングジムのトレーナーとして活動するが、二〇一六年九月肺がんステージ4が発覚。翌一七年がんは全身に広がり、医者に「来週にでも心臓が止まってもおかしくない」と告げられ入院。精密検査で脳、両目、左右の肺、肺から首のリンパ、肝臓、左右の腎臓、脾臓、全身の骨転移が新たに見つかる。その絶望的な状況で不思議な神秘体験と分子標的薬で奇跡的に回復。ひと月後の診察でがんはほとんど消失。二三年には放射線治療の後遺症で脳が腫れあがり、開頭して脳の切除を行った。同年秋に脳に再発したがガンマナイフで回復。現在はそれらの体験で得た気づきを中心に執筆、講演、セミナーを行っている。

著書：『僕は、死なない。』『さとりをひらいた犬　ほんとうの自分に出会う物語』（以上SBクリエイティブ）『ストローク・ライフのすすめ』（フォーメンズ出版）

OFFICE LEELA代表

（社）ストロークフルライフ協会理事。同協会で心理学TA（交流分析）コンサルタント養成講座を指導している。

オンラインサロン『みんな、死なない。』及びブログ「Being Sea」で情報を発信している。

幸《しあわ》せをはこぶネコ
ほんとうの自分《じぶん》を知《し》って幸《しあわ》せになる方法《ほうほう》

二〇二四年十月三十一日　第一刷

著　者　刀根　健
発行者　小宮英行
発行所　株式会社　徳間書店
〒一四一-八二〇二　東京都品川区上大崎三-一-一
目黒セントラルスクエア
電話〔編集〕〇三-五四〇三-四三四九
〔販売〕〇四九-二九三-五五二一
振替　〇〇一四〇-〇-四四三九二

組版　株式会社キャップス
本文印刷　本郷印刷株式会社
カバー印刷　真生印刷株式会社
製本　東京美術紙工協業組合

ISBN 978-4-19-865903-5